¡VIVA! 살아니라
라틴아메리카 선교

김기선 지음

쿰란출판사

¡VIVA! 라틴아메리카 선교

| 들어가는 말 |

남미 대륙 아르헨티나에서 펼치는 선교사역은 사도행전을 벤치마킹(benchmarking)한 성령행전으로, 사도행전 29장을 기록하는 중이다. 미션의 불같은 태양이 떠올라서 치유의 광선을 발하니, 영적으로 어둡던 남미 부에노스아이레스의 하늘이 열린다. 아르헨티나 수도 Buenos(좋은) Aires(공기)의 뜻처럼 남미의 특징인 푸른 하늘이 열린다.

"내 이름을 경외하는 너희에게는 의로운 해가 떠올라서 치료하는 광선을 발하리니 너희가 나가서 외양간에서 나온 송아지같이 뛰리라"(말 4:2).

《¡VIVA! 라틴아메리카 선교》 책을 집필하게 됨을 하나님께 감사드린다. '¡VIVA!'(비바)는 스페인어로 '해방', '만세'란 뜻으로, '¡VIVA!'는 노예생활에서 해방된 자유인의 엄청난 놀람의 탄성이요, 기쁨의 함성이다. 이제 로마서 8장 2절의 말씀으로 ¡VIVA!, 은혜의 성령의 법으로, "¡VIVA!, 라틴아메리카!" 선교에 도전한다.

우리 가정은 1996년에 파송 선교사로 Bs-As(부에노스아이레스)에 도착했다. 1999년 10월 30일에 450만 도시 La Matanza시 Rafael Castillo Av. Cristiania 931번지에 임마누엘 원주민 교회를 개척했다. 남미 아르헨티나에서 일어난 임마누엘교회는 아르헨티나, 남미의 한 영혼은 "온 천하"(막 8:36 - 사람이 만일 온 천하를 얻고도 제 목숨을 잃으면 무엇이 유익하리요)라고 선포한다. 역동적인 선교사역의 시작은 성령행전의 콘셉트로 잡고, 세 가지 핵심적인 키포인트로 전략 전술 선교사역에 접목한다.

첫 번째 키포인트는 '케리그마'(역동적인 생동하는 말씀)이다. 예수님이 3년 동안 갈릴리 호숫가에서 열두 제자를 훈련시킨 생명이 약동하는 말씀이다. 변화와 성장의 핵심인, 성령의 역사가 동반되는 역동적인 말씀이다. 성령이 역사하는 말씀으로 정글을 누비며 으르렁대는 사자, 호랑이와 같이 성도의 야성을 깨워 주는 전략 선교요, 전술 목회이다.

원주민 성도들을 집고양이 야옹이로 양육하고 돌보면 안 된다. 밀림 정글에서 포효하는 사자들로 키우고 돌봐야 한다.

선교사가 일하는 사역을 돕는 성도들을 일으키는 파워의 원동력은 '캐논'이다. '캐논'(κανών)의 뜻이 '정경, 성경'이다. 그러므로 성령의 역사가 불붙는 캐논의 선포이다. 캐논(κανών) 말씀으로 정예화된 제자공동체 선교교회로 임마누엘교회를 세운다.

두 번째 키포인트는 '오이코니아'다. 성도들의 교제이다. 살아 있는 공동체이다. 야성이 살아 있는 역동적인 도전 공동체요, 생명을 살리는 다이내믹(dinámico)한 동적 공동체이다. 그러므로 성령의 역사가 불붙는 캐논의 선포(설교)를 우선으로 한다. 화석화되는 교회는 케리그마와 오이코니아가 부재되어 있다. 그러므로 오이코니아는 성장 선교 목회의 핵심 키워드이다. 왜냐하면 예수의 사람으로 세워지는 제자화가 급선무이기 때문이다. 교회에서 세워진 각 목장의 오이코니아 훈련들과 교회 안에서의 오이코니아 말씀 훈련이 교회를 지탱하는 두 기둥으로 건강한 크리스천으로 세워 주며 성장시킨다.

세 번째 키포인트는 '디아코니아'이다. 교회에서 제자화가 되고, 예배를 통하여 예수님을 만나고, 능력 받고, 세상으로 파송 받아 교회 밖에서 구원의 복음으로 작은 예수가 되어 선교사 마인드로 살아가게 하는 선교목회 전략이다. 선교목회로 주님의 양 떼들이 탄생하면 총력으로 성장시켜 디아코니아로 살게 해야만 한다. 마치 우리의 자녀들이 탄생하면 총력을 기울여 지지하고 글로벌한 세계 인물로 만들어야 하는 것처럼 말이다.

'디아코니아'는 선교의 불꽃이다. 영혼을 사랑하는 가슴속 사랑의 불꽃이다. '디아코니아'가 교회를 부흥시킨다. '디아코니아'가 죽은 자를 살린다. 병든 자를 고친다.

'디아코니아' 성도가 잘 섬기고, 전도하고, 선교한다. 우리는 불꽃 선교로 디아코니아 선교를 이루고자 한다.

"천사들에 관하여는 그는 그의 천사들을 바람으로, 그의 사역자들을 불꽃으로 삼으시느니라"(히 1:7).

임마누엘교회가 건강하게 성장하여 제2의 선교사역 '재생산' 미션 사역에 투입된다. 그리고 '사중구도' 시너지 선교전략 전술을 편다.

첫째로, 우리 교회 지역에서 동쪽과 서쪽, 그리고 남쪽과 북쪽을 향해 각 방향 3킬로미터는 우리 교회의 선교축제 마당이다. 봄, 여름, 가을, 겨울 계절별로 어린이 축제와 청소년 축제, 그리고 노인 초청잔치와 불우이웃 초청잔치를 했다. 특별히 가까이 있는 원주민 신학대학교를 우리 교회 성도들이 적극적으로 협력했다. 신학생들을 위해 2층 침대를 사주고, 우리 교회에서 봉사하는 학생들에게 장학금을 지급하고, 의자와 강대상 등을 후원하였다.

둘째로, 바울목회자훈련센터이다. 아르헨티나 교회의 리더들과 목회자들을 대상으로 하는 동원 선교사역이다. 신학교를 졸업하지 않은 목회자들을 집중교육하는 인텐시브(속성) 선교사역이다.

셋째로, 선교사가 세운 개척교회가 다시 선교하는 교회가 되는 것이다. 아르헨티나 남쪽 파타고니아(Patagonia) 안데스 산맥 기슭(copaue)에 사는 10만 토착민 마뿌체 종족을 선교하는 선교전략이다. 그리고 볼리비아 방향으로 북쪽에서 거주하는 키츄아 종족 선교이다.

넷째로, 지금도 계속되는 선교사역으로 '세계기도자학교'이다. 이 사역으로 원주민 목회자들이 건강한 영성으로 목회하며, 원주민 교회들이 건강하게 성장한다. 아르헨티나에서 북미까지, 라틴아메리카 약 4억 5천 명을 향한다(스페인 포함). '세계기도자학교' 선교사역의 불길은 아르헨티나에 7,000명의 기도자를 일으켜 세운다. '세계기도자학교 영성운동'으로 남미 대륙 우루과이로, 칠레로, 그리고 중미의 콜롬비아, 베네수엘라, 과테말라, 파나마, 엘살바도르, 니카라과, 멕시코로 들어간다. 나아가 북아메리카 미국의 동부, 서부에서 거주하는 라틴아메리카인들 5,400만 명에게도 향한다. 그리하여 '¡VIVA! 라틴아메리카!' 선교의 새 지평이 열렸다.

《¡VIVA! 라틴아메리카 선교》 책의 스토리텔링 핵심은 아르헨티나는 라틴아메리카 선교의 베이스캠프요, 아메리카 선교의 핵심 미션파워라는 것이다. 스페인어권 선교의 열매요, 하나님의 영광을 드러내는 이 책의 핵심 키워드는 한마디로 하나님의 현존, 살아 계심, 성령의 불 같은 동행, 역사하심의 '팩트요, 임팩트'이다. 21세기 글로벌한 시대적 명령어는 '접속하라'이다. 《¡VIVA! 라틴아메리카 선교》는 외친다. "라틴아메리카, 북아메리카를 Conectar(스페인어: 접속)하라!"

선교는 전쟁이다. 기도는 전쟁이다. 목회도 전쟁이다. 《¡VIVA! 라틴 아메리카 선교》에서는 아메리카 대륙의 새 지평으로 아메리카를 향한 임팩트를 'World Prayer School'로 전략 선교사역을 펼친다. 이 [세계기도자학교 Escuela mundial de oracion(World Prayer School)] 선교는 불꽃이 튀는 엄청난 파워풀 시너지 선교전략 전술로 남, 중, 북아메리카를 향해 성령의 불기둥과 함께 미션 행진을 계속한다. 할렐루야!

2020년 4월
김기선 선교사

* Evita 배기성 학과장 유튜브 강의 참조

목차 contents

들어가는 말 • 4

제1부 아르헨티나 선교 초기 사역 _ 15

'남미의 유럽 파리', 축구의 나라 아르헨티나 현장 이야기 / 초년병 선교사 현장 이야기 / 축구의 신동 마라도나가 탄생한 지역 선교 / 축호·축복 선교 현장 이야기 / 버림받은 거지 자매님 / 1997년 한국 IMF로 맞은 선교지 필드 생활의 위기 / MK(선교사 자녀)의 작은 감사 / 쾅! 가스 폭발에도 살았다! / 흙탕물에서 구원했더니, 내 짐 보따리 내놔라! / 악령 마귀의 최후통첩 / 미친 영성, 통곡하는 선교사 / 선교사, 경제위기로 철수할 것인가? / 첫 선교 개선문을 관통하다 / 세워 놓고 눈 빼먹는 선교지 도둑놈 / 선교차량을 강탈당한 선교사 / La Escuelita de Vacaciónes(여름성경학교) / 어려운 일 발생 / Grano de Trigo(밀알) 교회 어린이 예배 탄생 / Retiro para maestros, diaconos(직분자수련회) / 처음 행하는 세례식 / 할렐루야! 난생처음으로 집례한 은혜로운 성찬식 / 세상에 요런 좀도둑놈 / 선교사 가정의 월요병 / 선교 전도 축호 초청집회 / 황금어장 생명의 선교전선은 이상 무 / 영적 강도를 만난 이웃 / 주님의 일꾼 만들기 / 소망을 가득히 안고 / 원주민 Grano de Trigo(밀알) 교회 사임 원인 / 원주민 교우들의 눈물

제2부 임마누엘교회 개척부터 세계기도자 학교까지 _ 49

플랜팅(Planting) 미션 현장 이야기 / 미션 필드 현장 개척 / 처치 플랜팅 개척교회 현장 이야기 / 고기가 많은 곳에 그물을 내려라! / 이상한 체험 / 월세, 두 개의 점포 / 저주받은 집이 축복의 교회로 / 귀먹은 쥐들 소탕작전 / 악마의 공격 / 돈 좀 주세요, 성령님 / 꿈에 그리던 개척교회 첫 예배 / 개척교회 첫 주일 / 골! 골! 골! 메시 축구의 나라 / 나는 누구냐? 너는 누구냐? / 축구의 신동 마라도나교 탄생 / 임마누엘축구팀 창단 / 축구의 나라를 방주에 태우고! / 축호 선교사역, 문화사역, 청소년·청년 축구팀사역 / 퉤! 크악! 가래침 세례 / 권총 든 아빠가 선교사를 죽이려고 / 작은 사역 소개 / 임마누엘 개척교회 선교목회 일지 / 최초 등록가정 / 선교사의 가장 기쁜 날 Gloria a Dios(하나님께 영광) / 고아 중에 영적 고아 / 어린이 초청잔치(HORA FELIZ) 1 / 어린이 초청잔치(HORA FELIZ) 2 / 맨땅에 헤딩! 개척된 임마누엘교회 부흥 무브먼트 / 임마누엘교회에 등록한 대가족 20명 / 막 쪄진 따뜻한 빵 / 남미 아르헨티나 선교지 필드의 부활절 부흥회 설교 / 임마누엘교회 창립예배 / 임마누엘교회에 손대지 말라, 털지 말라! / 돈 내놔, 목사야! / 마약에 취한 청년의 살기 어린 눈길 / 도둑과 마약은 친형제 / 지하철 한 칸을 턴 4인조 권총 강도들 / 생명의 노래 / 임마누엘교회 사역의 기쁜 일, 슬픈 일 / 교통사고를 당한 우리 가족 / 불붙은 선교 / 돈 선교로 시험 든 주일학교 교사 / 호호아줌마 시리즈 / 생명의 복음전선 / 선교지 필드의 부활절 / 파송 교회 송기일 목사님의 회갑잔치 / 수재민 돕기 작은 손길 / 호호아줌마 임성옥 선교사 / 아르헨티나 뉴스 / 평화의 질투 / Cuento de interesante(재미있는 이야기) / 사람 사는 이야기 / 콩나물 아줌마 / 영적인 발광 / 주님! 성전 터를 주옵소서! / 아! 싹트는 새 생명의 약동 / 김 선교사는 복음 선교의 호랑이냐, 고양이냐? / 오늘은 무지 즐거운 날이다 / 2008년 6월 1일 주일에 일어난 사건 / 와! 이번 선교는 100% 대박! 순간 선교차량을 꽝! / 터부(저주)를 깨고, 악령을 초전박살 내는 선교 스토리 / 광야 정글 선교지 필드에 날벼락(차벼락) 위험, 비켜!~ 후에라!~ / 안데스 산맥 토착민 마뿌체 종족 선교 / 개척 임마누엘교회 성도들의 재생산 선교사역 / 전기도 없는 광야 정글 선교 / 목회자 훈련원을 돕는 선교하는 교회 / 23년 선교사역 / 주여! 이 산지를 주옵소서!(안데스 산맥, 파타고니아 산지!) / 마뿌체 담임 목사님의 유언 / 아르헨티나 북쪽 토착민 키츄아 마을 선교 / 아르헨티나 임마누엘교회의 임팩트 / 선교 재생산 현장 이야기 / 시너지 선교 재생산 / 기적의 손 / 선교는 영적 전쟁이다 / 주님의 손을 만져라 / 김기선 선교사 가정의 선교사역 현황 / MK 미션공주 / 얼음공주들 깨우는 미션 공주 / 미션 필드의 어머니 '기도 선교사'(손선녀 권사) / 천국 가기 전 아들 집 방문한 손 권사님의 기적 / 두 번의 큰 교통사고를 이긴 임성옥 선교사 / 보께론(Boqueron) 광야 정글 선교사역(전기가 없는 광야 마을) / 라 로리아(La Loria) 광야 정글 선교사역(전기가 없는 광야 마을) / 팜파스 평야 지역 선교 / 파타고니아 남쪽 마을 인디오 추장의 집에 성령의 불이

임하다 / Loreto Remazo 선교사역 / Loreto 공원 선교와 하나님의 교회 / 광야교회 코디네이터 아꾸냐 교회 / 임마누엘 개척교회의 파워 미션 / 광야 나비차 선교현장(전기가 없는 광야 마을) / 아르헨티나 현지인 바울목회자훈련 선교사역 / 라틴아메리카 '세계기도자학교' 선교사역(Latina Escuela Mundial de Oracion) / 장로교(Presbiteriana) 간판을 보고 이단이라고? / 남·중아메리카 L.A.C.45.M 미션 파노라마 / 라틴아메리카 목회자들 초청 2020년 '세계기도정상대회'('2020 World Prayer School Summit' in Korea) / 라틴 세계기도자학교 선교사역[L.A.C.45.M(LatinAmericaCall45Missions)] / 아르헨티나 선교 파노라마 / 세계기도자학교 라틴아메리카 선교의 새 지평 / 라틴아메리카 미션을 위한 만남 / 라틴아메리카 영적 전쟁 미션 전략·전술로 얻어지는 결과들 / 라틴아메리카 대박 선교 전쟁 / 교회가 선교한다(시너지 선교) / 라틴아메리카의 선교의 불기둥 / 대박 '남미대륙에서 북미대륙, 스페인까지의 세계선교' / 라틴아메리카 대박 선교로 얻어지는 결과들

감사의 글 • 190
책을 마무리하며 • 192

〈국민일보〉"중남미 곳곳 7,000명 기도자 세우기 도전"
세계기도자학교 아메리카 대표 김기선 선교사 • **214**

제1부

아르헨티나 선교 초기 사역

☙ '남미의 유럽 파리', 축구의 나라 아르헨티나(Argentina) 현장 이야기

아르헨티나는 '남미의 유럽 파리'라는 별명이 있다. '은(銀) 강' 문화의 아르헨티나를 소개한다.

아르헨티나의 수도 부에노스아이레스는 리오 데 라플라타(Rio de la plata) 강 유역의 도시이다. 스페인 유럽인들이 아르헨티나를 점령할 때에 반짝반짝 빛나는 물결의 이 강(Rio de la plata)을 보고 '은 강'이라고 하였다. 이 강에서 북쪽으로 보이는 건너편 땅이 남미 우루과이다.

아르헨티나는 한국에서 땅 끝이다. 시차가 12시간이 난다. 정확하게 밤과 낮이 다른 나라이다. 한국이 낮 12시이면, 아르헨티나는 밤 12시이다. 그리고 계절도 정반대이다. 특히 아르헨티나에는 유럽 백인들이 많이 산다. 그중 이탈리아인들이 80%이다. 그리고 유럽인과 인디오 사이에서 태어난 메스티소(혼합, 혼혈)들이다. 한국인은 지금 약 2만 5천 명 정도 거주하고 있다.

아르헨티나는 모계사회이다. 어머니의 존재가 엄청 중요하다. 정열적인 스페인 남자들은 함께 살던 인디오 가족들을 남겨둔 채 황금을 가지고 유럽으로 돌아가고, 이 땅에 남겨진 자녀들은 어머니들이 다 키웠다. 그러므로 아르헨티나는 모계사회로 어머니 중심이다. 추락한 아버지의 권위는 미션 복음으로 말미암아 구원받은, 아름답고 복된 가정을 통해 다시 세워지고 있다.

아르헨티나의 두 인물을 소개하고자 한다. 한 사람은 어머니 같은 영웅 퍼스트레이디이고, 한 사람은 축구 신동 마라도나이다.

첫째로, 역사적인 인물로 유명한 에비타(Evita)와 페론(Peron)의 러브 스토리이다. 아르헨티나에서 가장 유명한 퍼스트레이디는 에바 페론이다. 후안 페론 대통령의 아내였던 에바 페론은 '에비타'라는 애칭으로 불리었다. 20대에 퍼스트레이디가 되었다가 1952년 33세의 꽃다운 나이에 자궁암으로 세상을 떠났다.

에바 두아르테는 빈민가 시골에서 태어나서 최고로 존경받고 추앙받는 아르헨티나의 퍼스트레이디가 되었다. 대통령 영부인이 된 것이다. 1945년 후안 페론 대통령의 부인이 되어 전 세계 역사상 최고의 기적이라고 영국의 〈오마이갓〉 뉴스 신문에 게재되었다. 예뻐서일까? "세상에! 최고의 기적이다." 빈민가에서 태어난 에바 두아르테는 모델, 연극배우, 라디오 DJ 등을 거쳐 배우가 된 인물이다.

1944년 아르헨티나 안데스 산맥 가까운 산후안에서 지진이 일어났다. 대규모 지진으로 6,000여 명이 사망했다. 산후안에 대지진이 났을 때 구호 활동을 벌이던 에바는 부인과 사별한 후안 페론을 만났다. 후안 페론은 24세 연하의 그녀와 1945년에 결혼식을 올린다. 후안은 에비타의 영향력으로 1946년 아르헨티나의 29대 대통령에 취임한다. 가난한 사람들을 위한 페론 정권의 정치는 큰 인기를 끌었고, 에비타는 대통령을 능가하는 추앙을 받았다.

에바 페론은 1950년에 자신이 자궁암에 걸렸다는 사실을 알게 된다. 자궁 절제 수술을 받았지만 결국 암은 전이되어 1952년 7월 26일 오후 8시 25분, 33세의 나이로 세상을 떠났다. 국모를 잃은 아르헨티나 사람들의 슬픔은 너무 깊어서 국정은 중단됐고, 모든 라디오는 추모 방송으로 채워졌다. 레스토랑, 극장들도 문을 닫았다. 10일 동안 조기가 게양되었다. 8월 10일 장례식이 치러졌는데 300만 명에 달하는 인파가 몰려 8명이 압사하는 사고도 일어났다. 추모의 물결은 부에노스아이레스의 거리를 채웠고, 미라 상태의 에비타의 시신은 장례식이 끝난 후에도 2년 동안 대중에게 공개되었다. 에비타의 유명한 말이 있다. "아르헨티나여, 나를 위하여 울지 말아요." 아르헨티나는 에비타의 탄생 100주년이 넘도록 그녀를 기념하고 있다.

아르헨티나에는 세계 최대의 팜파스 대초원 평야가 있다. 브라질에는 셀바스 평원이 있고, 미국에는 프레리가 있다. 젖과 꿀이 흐르는 땅과 같다. 왜냐하면 아르헨티나는 인구 즉 사람 숫자보다 소 떼가 더 많다. 인구는 4,100만인데 소는 약 7,000만 마리이다. 엄청난 대평원은 밀의 생산지로, 사람들이 "빵을 왜 돈 주고 사 먹어요?"라고 말했다고 한다. 남아도는 것이 소고기요, 넘쳐나는 게 밀가루이다. 아르헨티나 땅은 흑토이다. 곱고 검은 흙이다. 아르헨티나는 굶어 죽을 걱정 없는 나라이다. 그런데 좀 못산다는 것이 기적이다. 좋은 땅 평원에 씨만 뿌리면 된다. 그런데 어려우면 디폴트를 선언하고 고기를 먹는 나라이다.

둘째로, 축구의 전설이자 악동으로도 유명한, FIFA가 선정한 20세기 최고의 선수 디에고 마라도나와 축구의 신동 메시가 있는 축구의 나라가 아르헨티나이다. 축구만 하면 아르헨티나와 브라질은 서로 안 좋아한다. 아르헨티나와 브라질은 축구 앙숙이다. 이 축구를 부흥시킨 장본인이 에비타이다. 아르헨티나 축구는 마라도나로 유명했다. 지금은 메시로 유명한 나라이다. 한국의 국기가 태권도라면, 축구는 아르헨티나의 국기이다.

아르헨티나의 뜻은 '은의 제국'이다. 앞서 말한 것처럼 '은 강' 문화의 나라이다. 19세기 말 무렵에 경제대국으로 발전한, 헬리콥터와 냉장고가 발명된 나라가 아르헨티나이다. 한국보다 약 28배 크다.

19세기, 신대륙 이민 열풍으로 이탈리아와 스페인에서 아르헨티나로 이민을 왔다. 아르헨티나의 라보카 (La Boca) 항구(입 모양)에 도착해 온갖  애환과 질병과 고통을 겪으며 살아간 이민자들의 삶을 통해 그곳에서 탄생한 예술이 탱고이다. 라보카 항구는 탱고의 발상지이다.

에비타는 타고난 미모를 지녔을 뿐 아니라 탁월한 연설가였다. ASMR 방송에서의 연설을 통하여 전 세계적인 명성을 얻었다. 페론이 에비타를 부통령까지 시켰다. 그러나 재선되고 1년도 못 되어서 에비타는 사망한다.

에비타는 무지개 투어('레인보우 투어')를 통해 남미를 유럽과 연결시키는 무지개 다리 역할을 하였다. 스페인 프랑코 총통이 에비타를 만날 때에 4만 명이 모였다. 이때 스페인 첨단 축구의 모든 것을 아르헨티나에 가져와서 아르헨티나에서 축구가 시작되었다. 그녀는 무지개 투어를 다녀와서 많은 지원금들을 농민들에게 나누어 주었다. 빈자의 성자 에비타가 귀고리, 팔찌, 반지를 다 빼주고 왔다. 가방도 줬다. 집에 있는 것까지 다 주었다. 에비타의 솔선수범을 통하여 귀족 부인들도 모든 것을 내놓았다. 이 모금운동으로 인하여 4,000개 학교가 생기고, 8,000개 병원이 세워졌다.

에비타는 외쳤다. "우리는 배워야 합니다. 축구를 해야 합니다." 에비타 열풍으로 여자도 투표를 할 수 있게 되었다. 정치도 할 수 있게 되었다. 재산 상속에서 딸도 균등하게 상속 받게 되었다. 소외되었던

제1부 아르헨티나 선교 초기 사역

여성의 지위가 높아졌다. 남녀의 불평등이 평등이 된 것이다. 에비타는 여성들의 권리와 권위를 찾아 준 위대한 영부인이었다. "Don't cry for me Argentina"(아르헨티나여 울지 말라!!) 노래의 유래이다.

우리 가정은 주님의 명령을 받고 1996년에 이곳 아르헨티나 부에노스아이레스(Buenos Aires)에 상륙했다. 오직 구원의 빛이 되고자, 오직 구원의 방주를 짓기 위해, 오직 북·라틴아메리카 대륙의 복음적 사명 즉 지상명령을 위하여 선교 전략과 전술을 펴고자 하였다.

☙ 초년병 선교사 현장 이야기

남미 아르헨티나 선교지 필드에 도착해서 원주민 교회를 개척하기 전 2년간의 협력선교 및 담임 선교사역의 현장을 기록한다.

우리 가정은 아르헨티나 영주권 소지자로서, 선교지에 도착해서 협력선교에 바로 투입되었다. 아내와 함께 라누스 시(Lanus)에서 선교하시던 고 성국경 선교사님과 'Grano de Trigo'(밀알교회)에서 협력으로 선교사역을 시작했다. 성 선교사님 가족과 1년을 사역하던 중에 성 선교사님이 한국 교포 교회를 담임하기 위해 협력하던 선교교회를 사임하고, 내가 'Grano de Trigo' 교회의 담임이 되어 선교사역을 하게 되었다.

축구의 신동 마라도나가 탄생한 지역 선교

아르헨티나 수도권 라누스 시의 밀알교회에서 선교사역을 하면서 1998년 5월 4일 오후 5시, 선교사로서는 처음으로 4명의 세례와 성찬식을 집례하였다. 선교 초년생에다가 처음이라 떨렸지만 성령님과 함께 침착하게 거행하였다.

원주민들에게 성경을 통하여 세례와 성찬의 의미와 목적을 설명하고, 떡과 잔을 나누었다. 성도들은 많은 은혜를 받았다.

예배 후에 다리를 다쳤다고 기도를 부탁하는 여자 성도를 위해 기도해 주었다. 오후 7시에 모든 예배를 마치고 여성도 Reyna의 남편 Luis가 퇴원을 해서 심방을 갔다. 120킬로그램이나 되던 체격이 40킬로그램이나 몸무게가 줄어서 80킬로그램이 됐다고 했다. 환자는 죽음과 삶 사이를 오갔다고 말했다. 그는 이제부터는 나쁜 마음을 가지지 않고 믿음으로 살겠다고 고백했다.

제1부 아르헨티나 선교 초기 사역

축호·축복선교 현장 이야기

원주민 성도들의 가정을 가가호호 방문하는 축호·축복선교를 할 때에 병자를 위한 치유기도는 빠지지 않았다. 어떤 날은 악령이 소리치며 나가기도 하였다. 항상 선교의 원칙에 따라 말씀을 증거한 후에 치유기도를 했다. 그리고 상담도 했으며, 이웃집을 향한 선교도 겸하여 실행했다. 또한 심방 대원과 함께하는, 성령으로 행진하는 선교를 했다.

버림받은 거지 자매님

교인 중에 한 여자 성도는 남편에게 버림을 받았다. 그래서 지치고 병든 마음에 몸은 노숙자와 같고, 걸인처럼 되었다. 그녀는 매주 나에게 기도를 받으려고 왔다. 사탄은 그녀의 몸과 마음과 삶을 병들게 하고 처절하게 만들었다. 두 달이 지난 얼마 뒤 그녀는 예수를 영접하고 우리 교회 교인이 되었다. 말씀과 기도로 성령으로 치유되고 회복이 되어 구원을 받았다.

몹시 가난하여 움막에서 사는 이웃 가정도 방문하여 부모들과 아이들에게 복음을 전했다.

ᕯ 1997년 한국 IMF로 맞은 선교지 필드 생활의 위기

한국의 IMF 경제위기로 야전기지인 우리 가정에도 생활비 고갈로 인한 엄청난 어려움이 몰려왔다. 그렇다고 철수할 수도 없었다. 믿음의 허리띠를 더 졸라매고 선교의 총사령관이신 성령님과 행진하자고 마음을 먹었다.

고국에 IMF 위기가 와서 경제가 너무 안 좋아지자 달러의 가치 상승으로 오던 선교비가 반토막이 되었다. 우리 가정의 기본 생활에 어려움이 시작되었다. 생활비도 반토막이 났다. 집 월세를 내기에도 부족하니 출구가 없었다. 이대로 한국으로 철수할 것인가?

기도하던 중에 부에노스(Buenos) 교회에서 연락이 왔다.

"설교목사를 좀 부탁합니다."

수도권 교포 교회 중에 소문이 안 좋은 교회였다. 교인이 20명도 안 되는 작은 교회였다. 주일마다 그곳에서 오전 11시에 설교를 했다. 이 교회에서 한 주간에 100달러를 벌어 선교사 생활을 연명해 나갈

수 있었다.

2년 동안 주일날 오전 11시에는 교포 교회에서 예배를 드리고 점심 식사 후에는 오후 6시에 원주민 교회로 이동하여 선교를 하였다. 하나님이 한국 교포 교회를 겸하여 사역하게 하셔서 선교를 계속하도록 섭리하신 것이다.

🌱 MK(선교사 자녀)의 작은 감사

나는 개척 선교를 하는 어려운 환경이 계속되었기에 딸 평화를 돌아볼 겨를이 없었다. 그런데도 딸 평화가 열심히 공부해서 초등학교에서 반장(Directora)까지 되고, 반에서 1등을 하여 많은 원주민 학부형들 앞에서 선생님으로부터 칭찬을 듣게 되어 큰 위로를 받았다. 그리고 평화가 우등생이므로 아침 조회 시간에 아르헨티나 국기를 들고 들어가는 영

광스런 모습도 나에게는 굉장한 힘이 되었다. 왜냐하면 외국인에게는 이런 기회를 주지 않기 때문이었다. 또한 학교 행사 때에 피아노 연주를 통하여 공로를 세워서 선생님이 직접 우리 집에 전화하여 참 감사하다고 전해 올 때에, 나는 하나님의 큰 은혜가 임함을 느끼며 감격하고 더욱 감사했다.

쾅! 가스폭발에도 살았다!

남미 아르헨티나에 도착해서 2개월 만에 집을 월세로 구하고 산호세(SanJoes)에서 사는 중에 가스폭발 사고가 났다. 선교지 필드에서는 영적으로나 삶의 상황 속에서 항상 위험이 뒤따른다.

렌트로 얻은 집이 오래되어 주방의 가스레인지도 낡아서 불이 잘 안 붙어서 성냥으로 불을 붙이는 실정이었다. 이날도 아내 임 선교사가 빵을 구우려고 오븐가스레인지를 켰는데 불이 안 붙었다. 딸 평화까지 불을 붙이려고 해도 안 되니 아빠를 불렀다.

이때 주방의 가스 밸브가 열린 상태였다. 내가 그것도 모르고 불을 붙이려고 성냥불을 켜는 순간 쾅 하고 불이 나를 향해 나오면서 폭발했다. 이미 밸브에서 흘러나온 소량의 가스가 폭발한 것이다. 나는 순간 폭발하는 압력으로 앉은 자세로 가스레인지 맞은편 벽으로 강하게 밀려나 심하게 부딪쳤다. 다행히 가스가 적게 흘러나와서 심하게 부딪쳤지만 머리도 안 다치고, 다른 부분도 다치지는 않고 눈썹이 불에 그슬린 정도였다. 그야말로 혼쭐이 났다.

이때부터 주방 가스는 철저하게 조심하며 다루었다. 이 사건으로 안전사고가 날 수 있다는 가정하에 가스, 전기를 철저히 점검하고 조심하였다. 가스폭발 사고에서 다치지 않고 생명을 살려 주신 우리 하나님께 감사해서 가정예배로 감사기도를 드렸다.

흙탕물에서 구원했더니, 내 짐 보따리 내놔라!

원주민 축호, 축복 선교 가정 방문을 하면서 심각하게 어려운 분들이 있어서, 주일 예배를 마친 후에 따로 불러서 이불을 한 채 주었다. 고맙다고 하나님께 영광을 돌리며 집으로 돌아갔다. 그런데 그 후에 문제가 생겼다. 매 주일 나를 찾아와서 생활비를 요구하는 것이다. 돈이 없어서 빵도 못 사고, 고기도 못 먹고, 옷이 없어서 아이들이 춥다는 것이었다.

매 주일 나를 괴롭히는 부부를 성경적으로 교육을 시켰다. "교회는 돈을 주는 곳이 아닙니다. 교회는 말씀을 선포하고, 성도의 교제가 있고, 나가서 또한 세상에 복음을 주는 곳입니다. 성도님이 열심히 일을 해서 생활을 해야 합니다. 직장이 생기도록 기도해야 합니다"라고 했다. 그들은 "알겠습니다" 하고 집으로 돌아갔다. 하지만 그 후에는 교회에 잘 나오지 않았고, 성도들의 얘기를 들어 보니, 일은 안 하고 날마다 술에 취해서 집에서 잠을 잔다고 했다.

이때부터 다시는 물질적으로 도와주는 선교는 하지 않기로 각오하며 결단했다. 그 결과 선교는 더욱 활성화되었다. 교인 중에 경제적으로 너무 어려운 가정이 있으면 교회에서 봉사하게 한 후에 밀가루와 기름 등 필수 양식을 사서 교회 차원에서 도와주었다. 목사가 도와주는 일은 절대 하지 않았다. 교회 성도들이 결정을 해서 교회공동체가 도와주도록 하니 문제가 발생하지 않았다.

선교를 통해서 탄생하는 구원받은 새 생명은 천하와 같이 존귀하고, 황금 보석보다 귀하고 아름답다. 어린 생명을 안고 사랑으로 축복하고 기도하는 나의 마음은 어느덧 예수님의 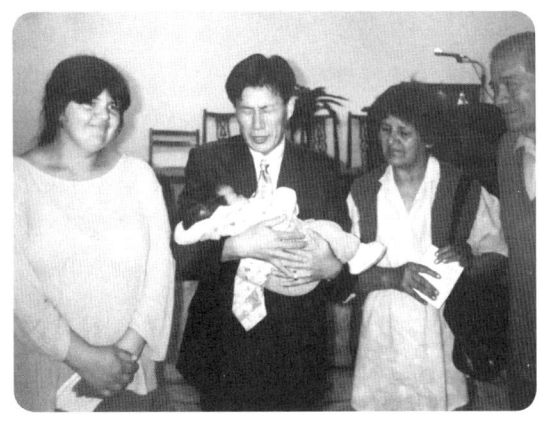 작은 마음이 되어 있었다. 이것이 선교의 참 기쁨이요, 영적인 희락과 보람이요, 오직 주님께 영광이다. "한 영혼이 천하다"라는 미션의 핵심 가치는 한 생명이다. 이 불 같은 구령의 사랑의 열정을 주신 분은 성령님이시다. 그 핵심 마인드는 성령님이 주신 불 같은 사랑이다.

악령 마귀의 최후통첩

"너~ 선교사야! 선교하지 마! 한국으로 철수해!"

선교지 필드에서는 악령의 시험이 최고의 고통이다. 인물이 인물을 알아본다고, 마귀가 벌써 남미와 아메리카에 선교적인 위험인물인 것을 파악하고 계획적으로 행사한, 실감나는 현장 이야기이다. 우리 가족을 알아보고 선교를 방해하려고, 전초전, 초전박살을 내려고 역사한 공격이었다.

때는 1997년 가을, Argentina Once Av. Rivadavia 2700번지 온세라는 지역에서 악령이 든 할머니를 파견하였다. 내가 7번 시내버스를 타고 15분 동안 운행을 하던 중에 악령이 든 할머니와 할머니의 친구, 그리고 손자까지 3명이 타더니, 운전사에게 여기에 도둑 강도가 타고 있다고 고발한 것이다. 동양인은 나 혼자뿐이었다.

내가 탄 7번 시내버스는 Av. Rivadavia 4300번지 경찰서 앞에 급정거했고, 경찰관 2명이 권총과 장총을 들고 차 위로 올라오더니 내 앞으로 와서 "손 들어!" 하고는 차에서 끌어내려 경찰서로 연행하였다. 나는 멍하니 창밖을 내다보다가 갑자기 영문도 모른 채 끌려간 것이다. 너무 황당한 사건이었다. 두 증인이 있었으므로 나는 꼼짝없이 도둑 강도로 몰렸다. 즉시 경찰 감방에 투옥되었다.

그때의 상황을 설명하면, 대낮에 벌어진 현대판 전설 같은 이야기이다. 그곳 온세(Once)는 한인교포들이 옷 도매상을 많이 하는 곳이다. 이곳에서 지인과 함께 중국집에서 점심을 대접받고 자동차가 없어서 7번 버스를 타고 숙소로 오는 중이었다. 온세를 출발하여 리바다비아 (Rivadavia; 세계에서 가장 긴 도로이다)로 오는 중이었다.

나는 버스에 올라서 중간쯤 왼쪽에 빈 의자가 있어서 거기에 앉아 왼쪽 거리를 보면서 가는 중이었다. 두 정거장쯤 지나서 세 번째 정류장에서 또 승객들이 버스를 타고 있었다. 나는 앞을 보고 있었다. 그때 손님 중에 여자 두 분과 어린이 한 명이 버스를 타는데, 얼굴이 검은 한 여자가 나를 뚫어지게 쳐다보는 것이었다. 응시하는 눈빛이 싸늘해서 왠지 기분이 나빴다. 나는 오싹하고 소름이 돋는 느낌이었다. 그래서 속으로 사탄이 낀 여자 같다고 생각하고 더 이상 보지 않았다.

그런데 이게 웬일인가! 내가 탄 7번 버스가 갑자기 리바다비아 경찰서 앞에 서더니 경찰 2명이 장총을 가지고 올라와서 "Alto"(손 들어) 하면서 나를 향해 겨누었다. 그리고 순식간에 나를 끌어내렸다. 나는 놀라서 기절할 뻔했다. 왜 그러느냐고 물었더니 "너는 도둑놈이야" 하는 것이었다.

　너무도 황당하여 총 앞에서도 나는 도둑이 아니라 목사라고 큰 소리로 말해도 소용이 없었다. 나를 응시하던 그 여자가 나를 도둑으로 몰아 거짓으로 진술하고, 그리고 또 그 여자의 친구가 증인을 섰다. 여덟 살짜리 남자아이도 가짜 증인이었다. 꼼짝없이 당한 것이다. 두 증인 앞에서 내 말은 아무 소용이 없었다.

　내가 그 여자의 가방에서 돈을 훔쳐갔다는 것이었다. 나는 그 가방을 본 적도 없었다. 한국 사람이 수중에 돈을 지니고 다닌다는 사실을 알고 노린 것이었다. 그때 나에게는 비상금 300달러가 있었다. 그 300달러, 30만 원이 넘는 돈이 자기 것이라고 했다.

　나는 졸지에 경찰 감방에 갇힌 죄수 신세가 되었다. 면회 금지에, 물 한 모금도 주지 않았다. 나의 소지품은 다 압수당하고, 구두끈까지 다 풀린 채 경찰 감방에 감금되고 말았다. 차디찬 시멘트 바닥에서 잠을 청하려는데 구석마다 죄수들이 오줌을 싸놔서 지린 냄새가 코를 찔렀다.

　그날 밤 경찰 감방에서 조사실로 호출되어 어떤 의사가 보는 앞에서 나를 조사하기 시작했다. 아무 혐의나 증거도 찾지 못하자 이젠 옷을 벗으라고 했다. 마약 주사 맞은 흔적을 찾는 것 같았다. 속옷까지 벗으라고 했다. 온갖 수치를 당했다. 주님을 위한 선교사역 초반에 벌거벗겨진 자존심이었다. 수치와 욕을 당하신 주님을 생각하며 인내로 참아 냈다. 아무 증거도 찾아내지 못한 경찰은 다시 나를 감금했다.

　나는 경찰 감방에서 너무 황당하고 분하고 억울해서 그 악령이 든 여자와 두 증인이 너무 미웠다. 그래서 마음속에서 저주까지 막 끓어올라, "가만두지 마세요. 반드시 갚아 주세요" 하면서 심히 격분하고, 분노했다. "주님, 주의 종을 괴롭히는 저 나쁜 여자들을 팍 죽여 버리세요!" 하며 주님께 기도를 했다. 나는 독이 가득한 분노의 항변 기도를 한 것이다. 이 순간 갑자기 성령의 음성이 들렸다.

"왜 저들을 저주하느냐! 내가 너를 저 불쌍한 악령의 종 노릇 하는 딸들을 구원해 내라고 보내지 않았느냐? 너의 선교 대상들이 저렇게 악령으로 인해 죽어 가는 자들이다."

나는 차디찬 경찰 감방 시멘트 바닥에 무릎을 꿇고 통곡하며, 회개기도와 축복기도를 연속으로 하였다.

"주님! 이 부족하고 악한 종을 용서해 주세요. 저 불쌍한 자녀들을 용서합니다. 축복합니다."

나는 감옥에서 내가 선교사역을 해야 할 대상을 분명하게 알게 된 것이다. 저주가 축복으로 바뀌었고, 황당함이 영적 기쁨으로 바뀌었다. 감옥에서 통곡하고, 감옥에서 감사기도를 하였다.

나는 구원의 복음을 전하며 귀신을 쫓아내었다가 감방에 투옥된 바울과 실라가 생각이 났다.

"상관들이 옷을 찢어 벗기고 매로 치라 하여 많이 친 후에 옥에 가두고 간수에게 분부하여 든든히 지키라 하니 그가 이러한 영을 받아 저희를 깊은 옥에 가두고 그 발을 착고에 든든히 채웠더니 밤중쯤 되어 바울과 실라가 기도하고 하나님을 찬미하매 죄수들이 듣더라"(행 16:22-25).

아무 죄도 없이 매를 맞고 결박되어 감옥에서 고통을 당했다. 나도 감옥에서 조사를 받았다. "윗옷을 벗어라. 아래 속옷도 내려라. 뒤로 돌아서라" 하며 수치를 당했다. 아마 내 몸에 한방치료인 뜸 자국이 있었거나 문신이 있었다면 꼼짝없이 당할 뻔했다. 몸에 마약을 투여했는지 안 했는지를 의사가 검사했다.

변호사를 세워서 해결할 수밖에 없었다. 24시간 꼼짝없이 감금했다가 집으로 보내 주었다. 며칠 후 법원에서 출두하라는 명령이 떨어졌다. 나는 변호사를 선임하고 함께 검사실로 찾아갔다. 그리고 사실대로 진술했다. 나는 개신교의 선교사로 불쌍한 인디오들을 도와주고 교회를 세우고 아르헨티나에 도움이 되고자 온 사람이지, 남의 것을 훔치러 온 사람이 아니라고 하며 인디언 선교사역을 하는 사진도 보여주었다.

내 진술을 다 듣더니 기록자가 어이가 없는지 진술을 받는 사람이 웃고 또 웃었다. 거짓 증거로 찍은 사진을 보여주며, 돈을 꺼냈다는 그 가방을 보이며 이 가방은 본 적이 있느냐 해서 나는 본 적도 없다고 했다. 그리고 그날 나의 알리바이를 정확히 이야기해 주었다. 도둑질할 시간도 없었고, 그 여자들의 진술과 전혀 달랐다.

그 여자들이 한국인 등 외국인들에게 행한 상습적인 사례가 있다고 검사가 말했다. 그래서 검사가 이 사건을 기각시켜 버렸다. 나에게 맞고소를 하라고 해서 나는 그러고 싶지 않고, 선교사로서 용서해 주겠다고 했다.

이 사건으로 말미암아 더욱 깨달은 바가 크고, 나는 더 많이 기도하고 길거리에서 조심하며 영혼 구원을 위하여 아르헨티나에서 전력투구하며 살고 있다. 이 사건은 내가 남미 아르헨티나에 온 선교 목적을 재확인하는 기회가 된 것이다.

한 영혼의 구원을 위해 드리는 희생적인 삶은 선교현장 바로 여기에서도 나에게 나타나고 있다. 당연히 이 상황을 감사로 받아들인다. 오히려 경찰 감방에 24시간 투옥된 이런 어려움이 선교하는 파워로, 새 힘을 샘솟게 했다. 성령 하나님 안에서 믿음으로 모든 것이 감사로, 주 하나님께 영광으로 드려지고 있다.

미친 영성, 통곡하는 선교사

한 사람, 한 영혼을 구원하기 위해 영적으로 사랑하면 눈물 없이는 선교 목양이 불가능하다. 주 성령의 사랑으로 아르헨티나 원주민 어린이들이 얼마나 예쁜지, 정말 미칠 정도로 사랑하는 마음이 내 마음속에 활활 타올랐다. 이 미친 영적 사랑의 동기부여는 빈민촌 어린이들에게서 나는 악취, 곰팡이 냄새도 이상한 향기로 변하게 만들어 어린이·청소년 선교 목회를 할 수 있었다. 성령님이 우리 가족의 후각까지도 변화시켜서 사용하셨다. 엄청난 은혜가 아닐 수 없다. 그래서 영혼을 구원하는 생명적인 선교사역을 즐기며 할 수 있었다.

미치지 않고는 할 수 없는 것이 이 선교사역이다. 아이들이 머리를 안 감아서 이가 득실거리고 지린내(소변 냄새)가 나도, "주여, 이 머리 아픈 오줌 냄새를 해결해 주세요" 하고 기도하면 성령은 어느새 하늘 향기의 바람을 내 코에 불어넣어 주신다. 어린이 선교사역도 성령의 역사로 열매를 맺은 것이다.

선교사, 경제위기로 철수할 것인가?

한국에 경제위기 풍파로 몰아닥친 IMF 때문에 달러 가치가 폭등하여, 생활지원비인 선교비가 반토막이 났다. 우리 가정에 생활고가 시작되었다. 집 월세가 300불씩 나가야 하고, 쌀값이 모자랄 지경이었다.

아르헨티나의 한국 이민자들은 약 25,000명 정도가 수도권을 중심으로 살고 있었다. 그리고 재아 한국교회가 23개 있다. 그 가운데 목사가 없고 20명이 안 되는 교포 교회에서 주일 설교를 부탁한다고 연락이 왔다. 이 교회에서 설교목사로 사역을 해주고 500불을 받아서 생활에 보탬을 받을 수 있었다. 오전에는 한국교회에서 설교를 하고, 오후에는 Lanus 원주민 아르헨티나 교회에서 선교사역을 했다.

1년 동안 협력선교를 하는 중에 선임 선교사님이 한국교회 목회를 하기 위해 선교하시던 교회를 접게 되어 나도 돕는 선교를 그만두었다. 왜냐하면 이 선교교회는 교포들 한국 선교팀이 세운 교회였기 때문이다. 그만둔 지 한 달이 지나서 선교회에서 연락이 왔다. 그곳에서 세운 선교교회 담임 선교사를 맡아 달라고 부탁이 와서 다시 사역을 시작하여 2년 동안 선교사역을 하였다.

첫 선교
개선문을 관통하다

선교지 필드는 초교파적으로 협력하여 선교한다는 강점이 있다.

우리 가정은 아르헨티나 재아 교포 선교사로 한국에서 아르헨티나로 파송 받았기 때문에 선교지 필드에 도착하자마자 선교사역을 시작했다. 오래전 평신도 때, 부산 광안리 지역의 한 교회에서 신앙생활 하시던 지인 예장통합 선교사님을 만나서 그분이 선교사역 하는 원주민 교회에 투입되어 협력으로 선교사역을 시작했다. 선교의 첫 출발 테이프를 커팅한 처녀선교였다.

원주민 교인들에게 첫 설교를 하니, 말로 다할 수 없을 정도로 벅차고 환상적으로 기뻤다. 1997년 협력사역 1년이 지날 무렵 선임 성 선교사님이 사역을 접고 작은 재아 교회를 담임하신다고 했다. 우리 가정도 자연스럽게 그 지역의 선교사역을 그만두었다.

우리 가족은 선교지에 도착해서 어느 정도 생활의 안정을 찾은 후 선교사역을 시작했다. 나는 언어연수 고급 과정을 이수하여 실천적 미션 사역을 진행해 갔다.

이 교회를 창립한 겨자씨선교회 회장과 크리스찬신문사 사장이 나에게 전화를 하여 만나자고 해서 다음 날 만났다. 나에게 담임을 할 수 있느냐는 것이었다. 나는 협력으로 선교하던 터라 기쁘게 승낙을 했다. 그리하여 신출내기 김 선교사가 'Grano de Trigo' 밀알교회의 담임 선교사로 취임을 했다.

위의 사진은 아르헨티나 교포 신문인 〈한국일보〉에 실린 기사 내용이다.

❧ 세워 놓고 눈 빼먹는 선교지 도둑놈

'세상에 믿을 놈 하나도 없다'는 말이 있다. 내가 선교사로 선교지 필드에 도착한 지 얼마 안 되어서 생긴 사건이다.

1998년 7월 1일, 평화가 사립초등학교에 다닐 때에 매일 자전거로 학교에 태워다 주고, 수업을 마치면 집으로 태워 왔다. 그러던 어느 날, 학교 수업료를 내기 위해 자전거를 학교 정문 앞에 열쇠로 채워서 세워 두고 가려는데 수위 아줌마가 자기가 봐줄 터이니 돈을 내고 오라고 했다. 수업료를 내고 7분 후에 돌아왔는데 자전거가 보이지 않았다. 그래서 자전거를 왜 안 지켜 주었냐고 하니 오리발, 닭발을 내밀었다. 언제 네가 나에게 맡겼냐면서 오히려 큰 소리를 쳤다. 접이식 삼천리 자전거를 그냥 도둑을 맞았다.

알고 보니 그 수위 남편이 끌고 간 것이었다. 도둑은 바로 학교 정문을 지키는 지킴이 부부였다. 이 여자는 매일 자전거로 평화를 태워 가는 것을 보면서 이미 탐욕이 들어간 것이다. 어떻게 학교의 문을 지키는 파수꾼 여자와 그 남편이 자전거 도둑인지 알았겠는가?

그 후 2개월이 지난 후에 평화랑 거리를 걷는데, 와! 잃어버린 내 자전거를 한 남자가 타고 우리 부녀 쪽을 향하여 오고 있었다. 당장에 소리쳐 그 남자를 붙잡았다. 따지고 내 것이라고 해도 아니란다. 자기가 브라질에서 한국 자전거를 구입했다고 계속 거짓말을 했다.

당신 집에 가보자 하고 나서니 평화가 아빠를 말렸다. "아빠, 그러지 마. 집에 가서 총으로 우리를 쏘면 우린 정당방위로 죽어~!" 그 남자의 집 주소를 알고 보니 확실히 학교 정문을 지키던 여자의 남편이었다. 그 아들도 옆에 있었는데 자기 아빠의 것이란다. 아들까지도 도둑으로 만드는 불행한 가정이었다.

'아! 이렇게 마귀의 종 노릇 하고 거짓으로 타락한 이들을 구원해야 하는구나' 생각하니 나는 너무너무 실망스러웠다. 그 여자는 나의 자전거를 오래전부터 노리고 있었던 것이다. 내 눈앞에 나타난 자전거를 못 찾은 나는 더욱더 원통하고 분했다. 대실망을 하여 허탈한 마음으로 집으로 걸어왔다.

한 달이 지나도, 몇 년이 지나도 도둑맞은 내 자전거가 생각이 났다. 이것도 주님을 위해 참아야 하는가? 이 악한 세대에 선교사는 손해만 봐야 하는가? '사람을 믿지 마라. 아무도 믿지 마라. 조심하고, 또 조심하라.' 마음으로 되새겨 본다.

아프리카 선배 선교사님들의 체험일지를 읽어 보면 나보다 더 많이 원주민들에게 당하고, 생명의 위협을 느끼는 일까지 당한 경우가 많다. 나는 아무것도 아니다. 그러고 나서 더욱 주님의 은혜에 감사하게 되었다.

선교차량을 강탈당한 선교사

선교지 필드에서 '순교냐, 개죽음이냐?'의 기로에 섰던 그날을 기억한다.

금쪽같은 선교지의 기동력은 차량이다. 그런데 차를 구입한 지 한 달 만에 3인조 강도에게 강탈당했다. 아르헨티나는 각 집에 총기를 휴대하는 나라이다. 그러다 보니 도둑들이 강탈한 총기로 강도짓을 한다. 경찰들이 있음에도 불구하고 권총 강도들이 많이 설친다.

나는 1996년 11월에 선교지에 도착하여 오랫동안 선교사역을 할 생각으로 선교의 기동력인 포드사에서 나온 ESCORT 포드 차량을 24,000달러를 주고 구입했다. 아르헨티나는 자국 생산 차량이 전혀 없다. 그래서 모든 차량이 다 수입된 외제 차량이다. 한국 차량도 매우 비싼 편이다.

차량을 구입한 지 한 달이 되는 1997년 6월 10일 밤 10시에 권총을 든 강도 3명이 내 차량으로 접근하여 시동이 걸린 상태에서 운전석 문을 열어젖히며 "내려, 인마! 손 들어~"(Bajate! Alto) 하며 강제로 나를 끌어내렸다. 즉시 내 머리에 차디찬 총구가 닿았다. 내 시선은 나의 딸과 아내에게 가 있었다. 조수석에 타고 있던 딸 평화도 다른 강도에 의해 끌어내려졌다. 인질로 삼은 것이다. 그들은 뒷좌석에 타고 있던 아내 임성옥 선교사도 끌어내렸다. 아내의 등 뒤에 권총이 겨눠졌다. 순간 나를 겨냥했던 강도는 나의 뒷주머니의 지갑을 털었다. 그리고 총으로 내 심장을 정조준했다. 딸과 아내를 보니 내 머리는 백지장이 되어 버렸다. 그냥 나는 아무 생각이 없었다. 내 머리는 멘붕 상태였다. 그냥 머리가 텅 빈 것 같았다.

그 순간 개죽음 당하느니 정체를 밝히고 순교할 각오로 결단했다. 큰 소리로 "죠쏘이 빠스톨!!"(Yo soy pastor!!) 하고 내 신분을 밝히자 갑자기 내 앞에서 권총을 내 심장에 겨누고 있던 강도가 뒤로 나가떨어졌다. 도로 위에는 돌멩이 하나도 없었다. 성령님이 한 대 때리고, 위협을 주신 것 같았다. 그는 혼비백산하여 "바모노스"(Vamonos, 가자! 우리!) 하며 아내도 딸도 손 결박을 풀어 주고 내 차를 몰고 유유히 사라졌다. 나를 제압하던 강도가 대장이었다.

상식적으로 마약을 흡입한 강도들은 놀라면 무의식적으로 방아쇠를 당긴다. 보통 때도 강한 반항을 하거나 위협적이거나 큰소리를 치면 방아쇠를 당긴다. 그런데 우리 성령님 주님은 역전의 용사이시다. 감사했다. 총알이 몸에 안 박혔으니 감사했다. 아내는 그 자리에 주저앉아 멍하니 정신이 없었다. 오히려 평화가 엄마를 부축하고 위로했다.

권총 강도의 피습으로 차량과 생활비 300달러와 차량 안에 있던 모든 것을 몽땅 다 잃어버렸다. 하지만 성령님의 은혜의 역사로 우리 세 식구는 총알을 안 맞고 산 것이다. 강도들은 보통 남자는 차에 태워서 총 개머리판으로 머리를 때려서 실신시킨 뒤 내다 버리거나 총으로 쏘아서 죽이거나 하는데, 주님의 보호하심으로 우리 가족은 상한 곳 없이 무사했다.

강도 만난 우리 가정은 어려움에 빠졌다. 이후로 임성옥 선교사와 딸 평화가 너무 놀라서 정신적 안정이 필요했고, 잠을 잘 자지 못했다. 가슴이 답답하고, 몸에 벌레가 기어 다니는 느낌이 든다고 했고, 밤이 되면 마음에 받은 충격으로 공포와 두려움으로 잠을 잘 못 이루고 시달렸다. 강도 사건이 생각이 날 때마다 정신적으로 어려움에 빠졌다. 임 선교사는 정신적 충격에 대한 치료와 안정이 필요했기 때문에 할 수 없이 한국에 가서 쉬다 오도록 조치를 취했다.

선교지 기동력이었던 차량을 강탈당함으로 엄청난 고통과 어려움이 시작되었다. 도난 보험 처리가 안 되어 한 푼도 건질 수 없었다. 권총 강도의 차량 강탈로 2,400만 원이 공중으로 날아간 것이다. 강탈당한 지갑 안에 있던 운전면허증과 영주권은 일주일 뒤에 주변 쓰레기통에서 발견되어 찾았다. 차량은 경찰에 도난 신고를 했음에도 불구하고 아직까지 찾지 못했다.

> "여러 번 여행(선교)에 강의 위험과 강도의 위험과 동족의 위험과 이방인의 위험과 시내의 위험과 광야의 위험과 바다의 위험과 거짓 형제 중의 위험을 당하고"(고후 11:26).

성경을 보면 바울도 타 민족에게 복음을 전하다가 강도를 당하고, 위험한 일을 많이 당했다. 우리 가족의 목숨을 지켜 주시고 생명을 보존하게 하신 성령 하나님께 감사를 드린다. 더욱더 주의 일에 열심을 내는 증거자가 될 것을 각오하고 결단했다.

La Escuelita de Vacaciónes
(여름성경학교)

1999년 2월 11-13일까지(목-토)에 여름성경학교를 처음으로 개설했다. "하나님 나라의 어린이들이 되라"는 주제로 시작되었다. 6명의 교포 1.5세 교사와 현지인 어린이 모두 90여 명이 참석하여 성황리에 모든 행사를 마칠 수 있었다.

찬양을 드리고, 설교 말씀을 듣고, 분반 공부, 간식, 게임, VTR 상영, 시청각 교육 등으로 사역하였다. 강사는 자체 강사로 우리가 직접 감당하여 어린이들과 아름다운 그리스도 사랑 안에서 친교를 이루었다. 설교할 때에도 직접적으로 공감이 가도록 시청각 교재를 활용하여 가슴으로 복음을 증거하고, 복음으로 대화하는 좋은 효과를 얻었다.

어려운 일 발생

어린이들이 게임을 하다가 한 남자 아이가 친구의 손에 의해 눈 밑이 찢어져서 피를 흘려서, 약국(Farmasia)에 데려가서 지혈시키고 병원은 멀어서 가지 못했다. 그래도 크게 다치지 않음에 하나님께 감사를 드렸다. 이런 일이 생겼을 때 법적으로 고소하면 교회가 힘들어지기에 그런 일이 없도록 간절히 바라고 기도하고 그 부모를 만나 잘 말씀드림으로 이 사고는 약국 치료로 끝이 났다. 모두 다 성도님들의 기도로 말미암아 아무 사고 없이 어린이들을 위한 선교사역이 열매를 맺게 됨을 감사드렸다.

Grano de Trigo(밀알) 교회
어린이 예배 탄생

여름성경학교 마지막 날, 나는 말씀을 증거할 때에 선교단에서 배운 요술(주의 피로 죄악의 검은 나무토막 떨어뜨리기)을 통해 재미있게 증거했다. 이 설교를 들은 어린이들 중에서 한 어린이가 손을 들고 큰소리로 내게 말했다.

"Pastor!(빠스똘, 목사님) 언제 또 성경 말씀을 가르쳐 줍니까?"

나는 대답했다.

"Domingo"(주일에).

사실은 주일에 어른 예배와 어린이 성경공부밖에 없었다. 이 어린이의 목소리가 나의 귓가에 계속 들려왔다. 이것은 성령님의 강한 감동임을 확신하고 어린이 예배를 2월 14일에 처음으로 드렸다. 사실 성경학교를 마치고 그 사후관리가 더 중요하다. 교회가 세워지고 그때까지 어린이 예배가 없었고 그냥 성경공부만 했었다.

이제 토요일 오후 4시에 어린이 예배를 드린다. 그리고 주일에는 종전대로 성경공부를 실시하고 있다.

➴ Retiro para maestros, diaconos
(직분자수련회)

2월 27일에 예산 부족으로 수련회를 본 교회에서 자체로 실시하였다. 현지인 성도들은 처음으로 행하는 수련회를 기뻐하였다. 현지인, 한국인 강사를 초빙하여 강의를 통하여 변화되는 모습을 보게 되고, 이 프로그램으로 인해 더욱더 직분자들이 새 각오로 주의 일에 열심을 낼 것을 다짐하고 출발하였다. 또한 식탁 교제와 대화로 화기애애한 분위기로 수련회를 무사히 마쳤다.

처음 행하는 세례식

선교지 교회들의 세례식은 침례로 행한다. 언젠가 현지인 목회자를 세워 교회를 넘겨주고 떠나야 하는 선교사이기 때문에 이곳의 세례 문화인 침례식으로 세례를 주기로 하였다. 나는 선교사로 처음 행하는 세례식이라 감회가 넘쳤다.

침례 집례가 처음이라서 서툴러서인지 내가 세례자의 코를 직접 잡고(물을 안 먹게 하려고) 물에 집어넣었는데, 어떤 자매님의 코는 미끄러워서(상상해 보세요) 물속에서 놓쳐 버렸다. 금방 물속에 넣었다가 꺼내기에 망정이지 진짜로 죽일 뻔했다.

이제부터는 세례자가 직접 자기 코를 잡고 나는 그 손을 잡고 집례를 행해야 함을 현장에서 깨달았다.

할렐루야! 난생처음으로 집례한 은혜로운 성찬식

남미 대륙 아르헨티나 선교사가 되어 처음으로 성찬식을 현지인들에게 베풀었다. 스페인어로 구사하는 설교는 구령의 열정과 더 큰 감격으로 선포되었다. 성찬 설교가 끝난 후에 성도들이 한 분씩 강대상 앞 성찬대로 나와서 성령의 감동으로 예수님의 살과 피인 떡과 잔을 받으면서 눈가에 이슬처럼 고인 눈물을 볼 때에, 성령으로 감동하고 감격했다.

🌱 세상에
　　요런 좀도둑놈

가난에 찌들어 사는 시니어 자매 성도님은 70세에 눈도 어두워서 겨우 더듬거리며 교회를 출석한다. 그녀는 가난한 Saira Gomez이다. 그녀의 집에 좀도둑이 들어 먹을 양식과 조금의 생활비인 돈을 다 털어가 버렸다. 그녀는 주일날 울면서 나에게 도움을 요청했다. 그래서 밀가루와 기름, 빵, 국수 종류를 한 박스 사서 도움을 주었다.

🌱 선교사 가정의
　　월요병

월요일만 되면 두렵다. 왜냐하면 이날은 너무 고통스러운 아픔이 있기 때문이다. 과로의 징조라고도 했다. 어깨를 누르는 아픔과 편두통으로 고생이 심했다. 어떻게 하면 월요일 병을 해결할까 기도하며 생각하다가, 주일에 가중된 일(어른 성경공부)을 토요일로 옮겨서 기도회와 겸해서 하기로 했다. 이후로는 월요일의 병이 차츰 사라졌다.

🌱 선교 전도
　　축호 초청집회

미국 플로리다에 살고 있는 심장전문의 정수영 의학박사가 이끄는 대학생 단기선교팀이 15명 와서 3월 11-12일에 오후 6시부터 9시 30분까지 전도집회를 실시해서 우리 현지인 교회에 많은 은혜를 끼

치고, 사역에 큰 도움을 주고 돌아갔다. 찬양과 무언극 등 다양한 프로그램으로 하나님께 영광 돌린 축제 분위기의 집회로 멋있게 잘 마쳤다.

황금어장
생명의 선교전선은 이상 무

새해가 밝았다. 그리고 3월이 지나는 동안 IMF의 충격은 어김없이 선교지 필드를 살얼음판으로 만들어 갔다. 아르헨티나의 태환정책으로 미화 1달러에 아르헨티나 1페소인 1:1 환율이 되는 비정상적인 경제로 인해 생활이 힘들고 선교에 어려움이 극대화되었다.

사랑하는 파송 교회는 얼마나 어려울까 생각을 하면서 버텨 나가려고 안간힘을 썼다. 선교사의 가정과 사역의 경제난으로 허리끈을 졸라매고 또 졸라맸다. 어려움의 연속으로 선교사의 영성 파워까지 위축되었다.

이때 재아 교포 교회 설교목사로 선교를 겸한 사역을 하게 된 것은 생명의 동아줄과 같았다. 부에노스 교포 교회에 출석하는 교인은 모두 다 합쳐도 20명이 안 되었다.

황금어장의 황금 같은 기회로 선교사역을 이어가게 하셨다. 이런 상황 속에서도 기도는 계속되었다. 주일 오전에는 교포 교회에 가서 설교를 하고, 오후에는 빈민촌에 가서 원주민들에게 복음을 증거했다.

☙ 영적 강도를 만난 이웃

차량을 강탈당해 많은 손해를 입었음에도 영혼을 사랑하는 열정은 전보다 더 뜨겁게 타오르도록 성령님께서 역사하셨다. 주님의 음성이 나에게 "저들은 영적 강도를 만난 이웃이다"라고 하시던 그 의미가 더욱 나의 가슴을 울렸다.

권총 강도를 만난 우리 가정에 주님께서 그 고통의 깊이를 아시고 함께하여 주사 더욱 큰 담력과 권능을 허락하셨다. 영적으로 도둑맞은 현지인들이 살려 달라고 영적으로 부르짖고 호소하는 소리가 나의 영혼에 들려온다. 현지인들은 말로는 까톨릭꼬(가톨릭 신자)라고 하면서도 1년에 몇 번 성당에 나가곤 그만이다. 신앙은 형식적이며, 이면적 신앙이 아닌 외형적일 뿐이다.

그러므로 영적으로 무지하고, 영적 삶이 없으며, 악령의 역사가 강해서 성적 타락으로, 마약으로, 거짓으로, 사탄 숭배 등으로 나타난다. 그러므로 선교전선에 '신무기'가 많이 개발되어야 하고, 전시와 같은 선교 전략이 펼쳐져야만 한다.

나는 선교사로서 후원 전략기지 병참부대(후원 성도님들)의 기도와 손길로 말미암아 복음으로 살아가고 있다. 또한 생명의 복음으로 저들을 살리고 있다.

☙ 주님의 일꾼 만들기

협력 현장의 직접적인 사역으로 1년간 일해 오던 중 3개월 동안 단독으로 이끌게도 하시고, 찬양과 사회, 설교, 성경공부 제자훈련도 하여, 현장의 내적 리서치도 하게 하신 주님께 감사를 드린다. 그리고 현지인들에게 복음을 전하고, 병자를 심방하고, 교제를 나누며, 악령을 쫓아내는 사역으로 주의 병기(선교사)로 온전하게 연단되고 있음을 체험하고, 사역에 열매가 거두어지고 있음을 현장에서 보고 있다.

소망을 가득히 안고

하나님의 나라가 확장되어 가는 선교현장의 모습은 마치 가을 들녘에 고개 숙인 곡식들을 바라보고 기쁨에 찬 얼굴로 알곡을 거두는 농부의 일과 같다.

새해에는 "아버지 집을 채우라"(Llenen mi casa)는 표어를 가지고 출발을 하였다. 이곳은 1, 2월이 바까시온(휴가) 철이다. 섭씨 32도 정도의 찜통더위에도 여름 프로그램(여름성경학교, 직분자수련회)을 하나님의 영광을 위해 성공적으로 실행하게 됨을 감사드린다.

원주민 Grano de Trigo(밀알) 교회 사임 원인

내가 담임하던 원주민 Grano de Trigo(밀알) 교회가 설립한 겨자씨 선교회의 단독 결정에 의해서, 원주민 장로교회로 세워졌음에도 불구하고 우리와 의논 없이 타 교단으로 넘겨졌다. 성결교회 선교부와 협약으로 인하여 '장로교' 원주민 교회가 '성결교회'로 넘겨졌으며, 현판

식도 5월 30일에 있었다. 원주민 교인들을 난처하게 한 일이었다. 울고 불고 난리가 났다. 나도 너무 난처했다. 국제 망신을 당하는 느낌이었다. 그래서 빨리 수습을 했다. 원주민 교인들이 울면서 "김 선교사님, 가지 마세요!" 하며 정말로 난리가 났다. 나는 냉정하게 전략적으로 잘 나와야겠다고 마음에 다짐을 하고, 성도들을 모아 설득했다.

"사랑하는 여러분, 나보다 더 좋은 선교사님이 올 것입니다. 장로교단이나 성결교단이나 개신교는 같습니다."

참으로 선교지 필드 현장의 쓰라린 아픔이었다. 당시의 고통과 아픔을 다 기록할 수가 없다. 주님은 아실 것이다. 한국 사람이 욕을 먹으면 내가 욕을 먹는 것이다. 내 얼굴에 침 뱉기이다. 그래서 '국제 망신 당하지 말자. 내가 희생하자. 내가 십자가를 지자'고 결단하고 원주민 교인들에게 성결교 관계자들과 교회를 세워 준 선교회를 대신해서 사과를 하고 은혜롭게 밀알교회를 나왔다(사임).

원주민 교우들의 눈물

소문은 빨리 퍼져서 다른 그룹(성결교회)이 온다는 것을 교우들이 거의 다 알게 되었다. 초교파적인 협력선교는 가능하지만, 교회의 설립자요 소유주라는 칼자루를 쥔 문서를 가진 특권으로 원주민 교인을 무시하는, 마치 상품처럼 타 교단으로 넘기는 것으로 결론이 난 상황에서 우리는 더 이상 사역을 할 수 없었다(다른 선교사가 오면 그분에게 순종하라고 당부하고 당부하여 겨우 안정시키고 나왔다).

1) 교우들은 울면서 우리 집으로 전화를 해서 나가지 말라고 부탁했다.
2) 국제 망신: "Coreanos son muy mal"(한국 사람들은 매우 나쁘다)이

라고 성도들은 말했다(자주 바뀌는 한국 선교사로 인해 선교사의 권위까지 땅에 떨어졌다).

3) 한쪽 눈이 감긴 Saira Gomez는 감긴 눈으로 눈물을 흘리면서 Pastor(목사)도 Se va(떠나느냐)고 말했다(교회 세운 공로와 땅 문서를 잡고 휘두르는 저들은 이 무서운 영적 아픔을 모른다).

4) Yoranda는 목사가 어딜 가더라도 따라간다고 자신의 각오를 말하기도 하였다.

그러나 나는 저들을 안심시키고, 상황을 좋게 설명하고, 다른 그룹에서 선교사가 올지라도 싸우거나 미워하지 말고, 순종할 것을 부탁하고 당부하였다.

5) 어린 선교사의 눈물: 열한 살의 어린 나이로 저들을 돕는 작은 선교사 '평화'가 그동안 정이 든 교우들과 친구들을 떠나야 하므로 마지막 반주를 하면서 눈물을 흘리며 슬피 울 때 나는 가슴이 미어터지는 아픔을 삼켜야 했다.

제2부

임마누엘교회 개척부터
세계기도자학교까지

🌱 플랜팅(Planting) 미션 현장 이야기

중남미의 파리, 아르헨티나 BS-AS에 십자가 깃발을 꽂아라. 주님의 명령으로 시작된 선교이다. 아르헨티나는 남미의 유럽, 남미의 파리라고 한다. 이곳 아르헨티나에는 이탈리아인, 스페인인, 독일인, 스위스인 등 유럽인이 80%나 살고 있다.

아르헨티나의 수도 부에노스아이레스에서 가장 가까운 위성도시가 인구 450만의 라 마탄사(La Matanza) 시이다. 나는 라 마탄사 시에 속한 황금어장 라파엘 카스티조(Rafael Castillo) 구에 깃발을 꽂았다. 이곳은 부에노스아이레스에서 차로 약 50분 거리에 있는, 넓게는 250만이 사는 도시이며, 좁게는 임마누엘교회 주변 동서남북으로 약 25만 명의 시민들이 살아가는 곳이다. 나는 1996년 세계총회선교회(G.M.S) 선교사(개명교회)로 파송 받아, 1999년 10월 30일 예수님의 지상명령을 즉각적으로 실행하고, 이곳에 원주민 개척교회를 세워 순종하였다.

예수님이 수제자 베드로에게 하신 이 말씀이 선교 개척교회의 모토이다.

"내가 네게 이르노니 너는 베드로라 내가 이 반석 위에 내 교회를 세우리니 음부의 권세가 이기지 못하리라 내가 천국 열쇠를 네게 주리니 네가 땅에서 무엇이든지 매면 하늘에서도 매일 것이요 네가 땅에서 무엇이든지 풀면 하늘에서도 풀리리라"(마 16:18-19).

맡은 자에게 구할 것은 충성이다. 나의 롤 모델인 사도 바울은 선교하는 지역마다 교회가 탄생하였다. 고린도에 가면 고린도 교회가 벌떡 일어섰다. 에베소에 가면 에베소 교회, 빌립보에 가면 빌립보 교회가 탄생하였다. 그리고 세워진 교회를 중심으로 폭발적으로 복음이 전파되고, 구원받은 무리가 교회로 몰려왔다. 그리고 말씀이 왕성해졌다.

이 처치 플랜팅은 성경적으로, 교회 역사적(고대, 중세, 현대)으로 팩트가 체크된다. 교회 역사를 보면, 세계 주님의 교회의 역사적 태동은 팩트이다. 결과적으로 선교사를 파송하여 초대교회들은 세계선교의 기초이자 기둥이며 기반이 되었다. 중세에도 현대에도 그러했다.

그러므로 내가 개척자로서 세운 원주민 개척교회의 미션은 복음을 전하고, 구원하고, 악령 마귀를 제압하고, 치유하고, 그리스도의 군대를 일으키고, 재생산하는 센터로서, 영적 노아의 방주와 같고, 성령의 불기둥 선교 즉 컨트롤 타워와 같은 역할을 하는 것이 그 핵심 사역의 키워드이다.

나 또한 성경적으로, 주님의 지상명령으로 아르헨티나에 주님의 교회인 임마누엘교회를 개척하여, 성령님과 미션 워킹으로 미션 필드의 영적 기선을 제압하며 당당하게 행진하였다. 그리고 또 하프타임을 지나 후반 타임 시니어 선교사로서 미션 워킹으로 라틴아메리카(아르헨티나에서 멕시코, 유럽의 스페인까지) 20개 나라를 향해 복음의 성령의 불기둥을 앞세우고 행진하고 있다.

🌱 미션 필드
현장 개척

아르헨티나의 수도 부에노스아이레스에서 차로 50분 거리에 사는 약 25만 명의 시민을 복음의 영적 눈으로 볼 수 있도록, 하나님은 나의 복음의 발길을 그곳에 닿게 하셨다. 약 3개월 동안을 뜬눈으로 정탐하고, 돌아보고 또 돌아보았다.

강력한 반대 세력 마귀의 공격과 방해에서 물질적 시험을 많이 겪었으며, 임 사모가 몸이 많이 아팠다. 나에게도 낙심하는 마음이 드는 등(아르헨티나의 비싼 물가로 인해 선교를 포기하게까지 하는) 예수님의 광야 시험 같은 혹독한 어려움을 겪어야 했다.

계약 전까지도 정신적 어려움이 연속되는 가운데 마귀가 나의 환경을 뒤흔들었기에, 금식 기도 등 40일 작정 기도로 계약 전까지 영적 전쟁의 초긴장 상태에 항상 있었다. 그러나 계약 후에는 어두운 먹장구름의 그늘이 사라지고 마음에 기쁨과 평강을 되찾았다. 죽은 장소 같은 이곳을 정복하도록 하나님은 모든 과정에서 자연스럽게 풀려 가도록 강력하게 성령으로 역사하셨다.

🌱 처치 플랜팅 개척교회
현장 이야기

개척교회의 주소는 AV. CRISTIANIA(크리스티아니아) 931번지, 그곳은 '황금어장'으로 우리 임마누엘교회를 통해 많은 어획고를 올릴 것을 확신하였다.

선배 선교사에게 조언을 구했다.

"어디에 그물을 내려 개척을 해야 잘하는 것입니까?"

대답은 간단했다.

"사람이 많은 곳에 그물을 내리세요."

사도 베드로가 배 오른편에 그물을 내리라 하신 예수님의 말씀을 따랐을 때에 그물이 찢어질 정도로 많은 고기를 잡은 말씀이 생각났다. 그때 잡힌 고기 수대로 153 작전명령으로 전략을 세우고, 내가 사는 지역에서 50킬로미터 안을 동서남북으로 특별 작정기도를 하면서 탐방했다. 우리가 만나는 도시, 거리의 수많은 영적 고기 떼를 바라보면서 '저들은 우리의 밥이다!'라고 마음으로 소리치며, '복음의 불길'이 번져가도록 빠른 발걸음으로 처치 플랜팅 리서치를 시작했다.

특별 40일 작정 기도를 하면서 아르헨티나 그란 부에노스아이레스(Gran Bs-As) 지도를 기도실과 마음판에 붙여 놓고 개척교회를 세울 장소를 찾기 위해 기도했다. 그리고 어느 곳이 하나님이 명령하신 장소인가 하고 1년 전부터 구상했으며, 적극적으로는 3개월 넘게 이 지역을 조사하며 다녔다.

우선은 영적인 리서치로 기도로 큰 그림, 작은 그림을 그렸다. 먼저 시 지역을, 면 지역을, 읍 지역을 하나님이 알려 주시면, 그곳에서 구체적인 장소를 찾자는 전략과 전술이었다.

🍄 고기가 많은 곳에 그물을 내려라!

개척을 하려면 선배 선교사님들의 조언이 필요하다. 그래서 같은 교단 팀원은 아니지만 순복음교회에서 파송한 전 목사님에게 조언을 구했다. "개척교회를 세우기 위해서는 지역적인 리서치도 중요하지만 선교하려는 대상을 선정해 놓아야 합니다. 가장 중요한 것은 어장입니다." 그는 유동인구가 많은 지역을 돌아보라고 했다. 선배 선교동역자의 조언이 많은 도움이 된 개척교회 시작이었다.

교회를 개척하려니 막막했다. 어디서 시작해야 할까? 그래서 선배 선교사들을 찾아다니며 조언을 구했다. 그중에 성령 충만한 한 분이 나에게 친절히 말해 주었다. "고기 떼가 많은 곳에 그물을 내리세요." 다 아는 사실인데도 그의 말이 감동이 되어 사람들이 많이 사는 곳을 찾아나섰다. 그 후에 위성도시로 사람들이 많이 밀집해 사는 450만 도시 라 마탄사(La Matanza) 시로 들어갔고, 라파엘 카스티조(Rafael Castillo) 250만의 도시를 만나고, 25만 지역주민이 사는 곳에 그물을 내리게 되어, 이곳에 주님의 교회인 원주민 임마누엘교회가 탄생하였다.

🌱 이상한 체험

선교 스토리는 살아서 역사하는 생명의 행진이다. 그러므로 신비가 있다. 신비 그 자체가 존재한다.

3개월 동안 지역을 탐방하며 교회가 세워질 장소가 어디인지 눈을 크게 뜨고 찾는 중에 내 몸에 가시적인 현상이 나타났다. 선교지 필드에 나타나는 기이한 현상은 심히 성경적이다. 이는 주 하나님, 예수님이 제일 기뻐하시는 지상명령(막 16:15 - "또 이르시되 너희는 온 천하에 다니며 만민에게 복음을 전파하라")에 대한 순복 때문이라고 확신하고, 확증한다.

나는 하나님이 제일 기뻐하시는 선교사역을 실행하는 중이다. 항상 감격하는 심령으로 정탐을 했다. 그런데 자꾸만 눈이 무겁고 졸음이 오는 현상이 강하게 나타났다. 교회 장소가 아닌 곳에서는 여지없이

개척 당시의 어린이 설교사역 현장

눈이 무거웠다. 즉 성령 하나님이 허락하신 장소가 아닌 곳에서는 자꾸 눈이 감기고 졸음이 오고 어두움을 목격하게 되었다.

3일째에 깨달았다. '아하! 성령님이 준비하신 개척교회 장소에 도착하면 눈이 확 열리겠구나!' 그리고 계속 지역을 리서치하는 중에도 차 안에 있는 모두에게 같은 영적 현상들이 나타났다.

그러던 어느 날 이곳 라파엘 카스티조(Rafael Castillo)에서 갑자기 눈이 열리는 것이다. 너무 기분이 좋았다. 눈과 마음이 밝고 맑고 깔끔한, 정오의 대낮같이 환한 영적 감동을 받았다. '이 지역, 바로 이곳이겠구나!'

이제는 집중적으로 비어 있는 점포, 월세 간판이 있는 장소를 찾아 다녔다. 하루 종일 교회를 세울 장소를 리서치하고 집으로 돌아와 피곤한 몸으로 잠을 자는데, '영적인 꿈'에서 불쌍한 여인이 나타나 "저는 교회가 필요합니다, 교회에 가야만 합니다"라고 절실한 필요를 호소해 왔다. '바로! 이곳이구나!' 아내 임성옥 선교사도 기도 중에 성령의 영감으로 환상 중에 두 점포가 나왔는데, 셔터 두 개가 내려진 곳이 보였다고 하였다. 바로 하나는 미용실로, 하나는 구멍가게로 사용하던 장소를 하나로 튼 곳이었다. 그러하더라도 셔터 문은 둘이었다.

성령님은 정확하게 우리를 교회 장소로 인도하셨다. 마치 사도 바울이 환상 중에 성령의 역사로 "건너와서 우리를 도우라"는 마케도니아 사람을 보고 유럽 선교를 시작한 것처럼 확실하게 여호와 이레로 역사하셨다(행 16:9 - "밤에 환상이 바울에게 보이니 마게도냐 사람 하나가 서서 그에게 청하여 이르되 마게도냐로 건너와서 우리를 도우라 하거늘").

우리 개척교회는 성령 하나님의 인도로 세워진, 음부의 권세가 이기지 못하는, 승리의 약속의 레드카펫이 깔린, 기적의 주님이 성령으로 친히 개척하신 임마누엘교회이다. 주님의 영광의 복음이 선포되고 영혼을 구원하는 곳, 매일, 매 주일 팡파르가 울려 퍼지는 곳, 영적으로 전투하고 승리하는 지상 전투 교회이다. 한국적 문화로 본다면 신비한 '전설의 고향'을 생각하게 되지만, 이것은 '추상적이 아닌 초자연적 실체'이다. 그리고 실제 상황이다. 아르헨티나에서 내가 직접 경험한 신비스런 실제 미션 상황을 소개하는 것이다.

⚘ 월세, 두 개의 점포

월 300달러 월세로 계약을 했다(3개월치 월세 900달러). 두 점포와 주차장까지 교회가 사용할 수 있도록 주인이 배려해 주었다.

수많은 어려움 속에서 개척자의 정신으로 1999년 10월 30일 약 450만 명이 살고 있는 라 마탄사('살해, 도살'의 뜻) 시 라파엘 카스티조의 크리스티아니아 931번지에 교회를 개척하였다. 전에 미용실로 사용하던 건물과 주차장까지 매월 300달러 월세로 렌트하여 교회를 개척한 것이다.

월세로 들어가기로 최종 확정하고 부동산 중개에 문의한 결과 파라과이 사람 Basan과 2년 동안 월세 300달러에 계약을 했다.

저주받은 집이 축복의 교회로

임마누엘교회를 개척하고 2년 후에 큰길(Av)에 있는 3층 건물을 구입하고 리모델링을 해서 입당예배를 드렸다. 하나님의 역사하심으로 기적적으로 구입할 수 있었다.

처음에 월세로 빌렸던 임마누엘교회에서 오른쪽 동쪽으로 70미터 떨어진 곳에 주인이 건물을 판다고 써 붙인 것을 보고 우리는 부동산 중개소를 찾아갔다. 이탈리아인이 주인이었다. 그래서 주인의 안내로 건물을 돌아보는데 진풍경을 발견했다. 건물이 레스토랑도 하고 슈퍼마켓도 했었다는데 완전히 유령(귀신)이 나오는 집 같았다. 한국의 '서낭당'처럼 빨간 줄로 칭칭 기둥에 둘러매 놓았는데, 주인의 말에 의하면 골치 아픈 집이라고 했다. 건물을 내어놓으면 렌트도 잘 안 나가고, 만약 나가도 슈퍼나 레스토랑이 들어왔다가 망하여 나가곤 했다는 것이었다. 제발 교회가 사라고 했다. 이야기를 들어 보니 유령의 집 같은 사연이 서린 집이었다.

2층에 올라갔더니 유리창은 다 깨어진 상태이고, 3층에 올라갔더니 유리창문에 총알 자국이 네 군데나 있었다. 이야기인즉, 첫 번째 주인이 자기가 살려고 이 건물을 아주 견고하게 지었단다. 첫 주인은 경마장에서 돈을 많이 번 사람이었다. 그래서 이 집을 짓고 카지노에 가서 돈을 벌려고 하다가 완전히 돈을 탕진하여 거지 신세가 되고, 마피아에게 돈을 융통했다가 그것도 다 잃어버리자 빚쟁이에 도망자 신세가 되어, 이 건물 3층에서 총에 맞아 비명횡사하게 되었다는 것이었다.

그 후 이 이탈리아인이 제일 돈을 많이 빌려주었던 사람이었기에 두 번째 주인이 되었다. 하지만 '사람이 총 맞아 죽은 집', '저주받은 집'이라는 소문으로 렌트도 나가지 않고 몇 년 동안 방치되어 있었다. 그런데 우리 임마누엘교회가 세 번째 주인이 된 것이다.

☘ 귀먹은 쥐들 소탕 작전

새 교회 건물을 구입하고 리모델링을 하면서 임마누엘교회가 이사를 들어오고 청소를 다 했다. 그런데 3층 옥상 지붕 기와 밑에 쥐들이 진을 치고 사는데 약 50마리는 되는 것 같았다. 아무리 기도를 해도 쥐들이 귀가 먹었는지 교회를 떠나지 않았다. 그래서 레오 전도사님께 최고로 독한 쥐약을 사오라고 해서 구석구석에 놓았다.

그런데 다음 날 보여야 할 쥐들의 시체가 하나도 보이지 않고, 레오 전도사가 오르내리는 계단과 레오 전도사의 이불과 옷 위에 잔뜩 토해 놓은 것만 눈에 띄었다. 그것도 파란색 쥐약이었다. 도저히 이해가 안 가는 일이 생긴 것이다. 이것은 쥐약을 놓은 레오 전도사를 향한 복수인 것 같았다.

며칠 후 성도 중에 수닐다(Zunilda)라는 여성도가 "목사님, 걱정 마세요" 하면서 고양이 새끼 한 마리를 교회로 가져왔다. 고양이가 온 후로 진짜로 '쥐도 새도 모르게' 쥐들이 모두 다 이사를 가버렸다. 다시는 쥐가 없는 임마누엘교회가 된 것이다. 천적 고양이 복음으로 쥐들 군단을 몰아냈다. 이로 인하여 몇 주 동안 "성령님이 오시면 쥐 같은 악령들, 악한 것들이 다 떠난다"라고 설교했다.

진짜 성령의 복음적 능력은 초자연적 역사를 이루었다. 우리 교회에 오는 귀신 든 자들은 제정신으로 돌아오고, 기도로, 안수로, 예배로 말미암아 병도 치료되고 가정들이 회복되는 놀라운 변화가 일어났다. 그러고 나서 6개월 후에 레오 전도사는 우리 교회에서 1,800킬로미터 떨어진 지방교회로 사역차 떠났다.

악마의 공격

또 다른 사건이다. '김 선교사를 죽여라!'

임마누엘 개척교회는 선교사역의 핵심 모토 사역으로, 전략적으로 어린이들에게 접근했다. 이 선교 전략은 전쟁용어로서 어린이들과 청소년들, 그리고 어른들을 구원하기 위한 큰 길을 만드는 것이다. 어린이 예수축제 사역을 통하여 어른들을 동원하는 미션 전략으로 이는 적중했다. 마귀는 내가 죽이고 싶도록 미웠을 것이다.

교회가 이사를 온 후에 교회 3층은 교회 청년들과 레오 전도사님이 침실로 사용했는데, 밤에 자꾸 이상한 소리가 난다는 것이었다. 쿵쿵, 꽝꽝 발자국 소리, 문 열리는 소리에 깨어 확인하면 아무도 없다고 했다. 도저히 무서워서 잠을 못 자겠다고 호소해 왔다. 그래서 나는 "왜 믿음이 없느냐! 기도하고 자라"고 말했다.

그러던 어느 주일에 일이 터졌다. Domingo(주일날)에 오전 11시에 있는 어린이 예배 설교를 마치고, 12시 30분경 2부 어린이 분반 공부 시간에 나는 혼자 교회 3층에 있는 물탱크를 점검하려고 올라갔다. 원주민 교인들이나 우리 딸 김평화는 어린이 반을 맡아 성경공부를 시키는 중이고, 아내 임성옥 선교사는 보조교사들과 함께 각 어린이반에 간식을 나누어 주는 중이라 나의 주위에는 아무도 없는 상황이었다.

나는 왜 물탱크에서 물이 2층, 1층 아래로 안 내려오는지, 높은 곳에 설치되어 있는 물탱크를 바라보고 있었다. 그 순간 갑자기 내 뒤에서 누가 철퇴(쇠몽둥이)로 나의 목덜미를 내려쳤다. 순간, 나는 비명을 지르면서 몸이 완전 오징어, 문어처럼 축 처져서 3층 벽을 타고 아래로 쓰러졌다.

나의 몸은 완전히 죽은 것 같았다. 육은 죽은 자처럼 되었지만 그러나 정신은 말짱했다. 나의 영은 살아서 원수 마귀를 물리치는 기도를 하였다. "예수 이름으로 물러가라! 예수 이름으로 물러가라!" 계속 예수 이름으로 물러가라고 하면서 생명을 다하는 명령기도, 긴급하고 처절한 기도 전투를 벌였다.

이 기도 소리는 입이 죽은 상태라서 말이 아닌, 모기 소리보다 더 작은 소리였지만 애절한 영혼의 전투 기도였다. "예수의 이름으로 물러가라! 마귀야, 물러가라! 물러가라!" 내 몸의 신경조직은 완전 마비 상태였다. 죽은 상태와 같은 나의 몸은 흐물흐물 벽을 타고 바닥으로 쓰러지고 있었다. 다행히 벽에 기대어 안간힘을 다해서 머리가 안 다치도록 애를 쓰면서 격렬한 영적 전쟁을 벌였다. "예수의 이름으로 물러가라!" 하고 외치는데 입이 안 열리고 말을 못해도 나의 영혼의 외침 기도는 강력했다. 모기 소리 같은 영적 소리로 사력을 다해 나를 죽이려는 악마와 싸웠다. 강력하게 예수 이름으로 떠나가라고 명령기도를 할 때에 내 머리가 땅에 쾅! 닿기 전에 몸에 힘이 솟아나고, 내 몸이 살아났다. 즉시 얼른 손을 펴서 3층 바닥을 짚었다.

정신을 차리고 내 머리를 만졌다. 피도 흐르지 않았다. 그리고 내 주위에는 아무도 없었다. 악령 마귀는 나를 떠났다. 대승리! 우리 임마누엘교회를 잡고 있던 마귀를 박살낸 것이다. 예수의 이름이 이긴 것이다. 얼마나 땀을 흘렸던지 속옷까지 다 젖어 있었다.

이 승리 이후로는 그 어떤 귀신의 소리도 없었다. 악령은 나를 표적으로 잡고 죽이려고 기다리고 있었다. 그것도 주일 오후 12시 30분에 말이다. 마귀, 악령, 귀신은 밤에만 활동한다는 말은 사실이 아닌 것이 확실히 드러났다. 사악하고, 더럽고, 살인적인 악령이 자리 잡고 있던 어둠의 저주받은 집이 축복받은 교회가 되었다.

선교사역은 저주를 축복으로, 죽음을 생명으로 바꾸는 미션임이 확실하다. 이때부터 임마누엘교회는 더욱 부흥되었다. 주의 종이 모델이 되어 마귀를 이김으로 모든 성도들도 악령을 이기는 승리자가 되었다. 할렐루야!!!

돈 좀 주세요, 성령님

개척교회를 세우는 자원이 부족해 어려움 중에 있을 때 하나님의 능력의 손길을 만났다.

개척자금, 즉 금전이 있어야 교회도 시작한다. 강대상도 사야 하고, 의자도 사야 하고, 앰프도 사야 하고, 간판도 달아야 하고, 개척교회로 리모델링도 해야 하고, 아무튼 아무것도 없는 상태여서 누구든지 도움의 손길이 되어 주길 기다리는 마음이었다. 그러던 어느 날 한 사람이 나를 찾아와서 "김 선교사님, 의자 15개랑 금성 냉장고 문 3개짜리랑 책상, 식탁, 그릇들이 있는데 필요하십니까?"라고 물었다. 나는 당장에 "할렐루야! 감사합니다" 하고 받기로 결정했다.

이 물건들 주인의 스토리를 적고자 한다. 이 물건들의 주인은 한국인이었다. 아르헨티나로 이민 와서 가족과 헤어지고 혼자 살다가 그냥 혼자 잠을 자다가 지병으로 자기 방에서 죽은 것이다. 그가 죽은 후에도 아무도 몰랐다. 죽은 지 5일 후에 썩는 냄새가 진동하여 이웃 주민의 신고로 문을 따고 들어가서 발견하여 겨우 매장을 하였다.

그렇게 죽은 사람 집의 물건이니 꺼림칙하여 아무도 이 물건들을 가져가려고 하지 않아서 나에게까지 기회가 온 것이었다. 우리는 주의 이름으로 기도하고 잘 청소해서 사용하고 있는 중이다.

그 당시 나에게 있는 돈은 4,500달러가 전부였다. 개척교회를 얻어서 3개월치 월세를 선불로 900달러를 치르고 나서 내부를 수리하고 간판을 달자 얼마 남지 않았다. 물적 자원이 풍족하지 못한 관계로 강대상도, 성경공부 하는 탁자도 나무를 사다가 직접 제작해서 사용했다. 예배를 드리기 위해 앰프와 스피커 2개와 마이크 3개와 의자 40개는 선배 선교사님 소개로, 재아 한인교회 여전도회로부터 선교비 1,800달러를 지원받아 샀다. 모두 사람을 통해서 역사하시는 하나님의 사랑으로 이루어진 일들이다. 관계의 소중함을 다시 한번 생각하게 되었다.

🌱 꿈에 그리던 개척교회 첫 예배

나의 꿈이요 소원은 교회를 개척해서 하나님께 선물로 드리는 것이었다. 그것도 나의 동족 한국교회가 아니라 외국인 남미 아르헨티나에서 원주민 임마누엘교회를 드리니 참으로 꿈인가 생시인가 할 정도로 영적으로 환상적이었다.

"교회가 선교합니다"라는 말이 있다. 임마누엘교회는 한국에서 우리 가정을 파송한 개명교회가 낳은 자녀와 같은 교회이다. 우리 가정을 후원하는 모든 교회가 낳은 주님의 교회이다. 사랑으로, 자원으로, 기도로 후원하는 개인 후원자들이 낳은 자녀와 같은 교회가 탄생한 것이다.

선교의 상급은 나와 파송으로, 그리고 협력으로 후원하는 모든 교회와 모든 지체들에게 있다. 임마누엘교회는 아기와 같은 연약한 교회이다. 그래서 어머니의 사랑으로 잘 키워야 한다. 아기가 태어나면 엄마가 있어서 잘 돌보고 키워야 한다. 그래서 아르헨티나 교회는 엄마 교회가 없는 교회를 유령교회라고 한다. "이 교회의 어머니 교회는 어디에 있습니까?" 하고 물어 와서 "한국에 있습니다"라고 대답하면 "아! 그렇군요!"라고 한다.

마태복음에서 예수님이 베드로에게 말씀하신 구절이 교회의 키워드 말씀이다.

> "너는 베드로라 내가 이 반석 위에 내 교회를 세우리니 음부의 권세가 이기지 못하리라 내가 천국 열쇠를 네게 주리니 네가 땅에서 무엇이든지 매면 하늘에서도 매일 것이요 네가 땅에서 무엇이든지 풀면 하늘에서도 풀리리라 하시고"(마 16:18–19).

반석 위에 세워진 교회는 이미 그 지역을 흔들어 놓았다. 음부의 권세가 이기지 못할 뿐 아니라, 사시나무처럼 덜덜 떠는 역사가 시작되었다.

"선교는 전쟁이다! 목회는 전쟁이다! 기도는 전쟁이다!"

이 강력한 말들처럼 임마누엘교회는 주의 종이 부르짖는 기도의 동산 같은, 한국의 기도원과 같은 교회이다.

나는 총신대학교 신학대학원을 3년 동안 다니는 중에도 학구파가 아니라 기도파였다. 틈만 나면 사당동 총신대학교 뒷산 기도굴, 용인 양지 캠퍼스 산 기도실에서, 청계산기도원에서 40일 기도를 수차례 하고, 산상 밤 기도에 들어가서 영성을 키우고, 기도로 선교를 준비했다. 예수님이 산상에서 기도하신 것같이 기도자로 준비했다.

선교 목회는 전쟁이자 이미 거둔 승리이다. 주님은 이미 승리의 레드카펫을 깔아 놓으시고 여호와 이레로 준비하고 계신다. 선교는 내가 하는 것이 아니라 성령님이 하신다고 고백드린다.

꿈을 안고 개척한 임마누엘교회 첫 예배에 여섯 살의 사무엘이 윗옷을 벗은 채 참석했다. 첫 예배를 드리는 주일이 좀 날씨가 더웠기 때문이다. 사무엘이 한나의 기도로 탄생하고 하나님께 드려진 영상이 떠올랐다. 우리 개척교회의 시작은 사무엘 어린이부터이다. 어린이 사무엘과 함께 축제의 오픈 예배를 주님께 드렸다.

🌱 개척교회 첫 주일

개척교회 첫 예배에 사무엘이라는 한 어린이 성도가 왔는데, 웃통을 벗고 신발도 안 신고 맨발로 왔다. 그래도 선교사 가족 3명은 사무엘과 함께 정성껏 예배를 드렸다. 그다음 주일에는 사무엘과 그 친구 5명이 똑같이 웃통을 벗고 교회에 왔다. 그리고 할머니 자매 두 분이 예배에 참석했다. 그렇게 모두 11명이 예배를 드렸다.

어린이들은 아르헨티나 4,100만 인구의 희망이며 꿈이다. 아르헨티나와 중남미를 이끌어 갈 영웅들이 어린이들 속에 있기 때문에 저들에게 복음을 전하고 깨워 차세대 지도자를 일으키는 선교사역을 시작하였다. 어린이들이 오면 어른들이 온다. 어머니들이 꼭 교회에 데려오고 또 예배가 끝나면 집으로 데리고 가기 때문이다.

🌱 골! 골! 골! 메시 축구의 나라

아르헨티나 시민들은 축구 경기를 보면서 함성을 지르고, 웃고, 운다. 심지어는 이기는 경기로 인하여 흥분하면 공중으로 권총을 막 쏘아 댄다. 어떤 날은 월드컵 예선전에 이기니 집에 있는 권총으로 공중을 향해 쏘았는데 총알이 다시 땅으로 떨어지면서 같은 집에서 축구로 열광하던 옆에 있는 친구의 어깨에 박혔다. 앰뷸런스를 부르고, 병원에 실려 가고 난리가 났다. 축구로 열광하는 광적인 청소년과 청년들을 구원하기 위해 임마누엘축구팀 미션을 만들어 선교사역을 했다.

주일 예배 시간에 축구 경기가 있으면 교회가 텅 비는 때도 있다. 성도들이 교회에 잘 안 나오는 날은 선거일과 축구 경기가 있는 날, 그리고 비가 많이 오는 날이다. 이날도 우리 교회에서는 찬송하고 말씀을 듣는 시간에 교회 앞집에서 축구 경기를 보다가 흥분해서 총을 공중으로 발사했다가 피를 흘리고, 비명을 지르고, 난리가 났었다.

나는 누구냐? 너는 누구냐?

"Yo soy de Boca." 나는 보까 축구팀이다, 나는 리벨 팀이다, 나는 산로렌소 팀이다 하며 자기의 정체성을 자랑한다. 프로 축구팀, 즉 자기 팀의 승리에 따라 울고, 웃고, 열광하고, 경기에 지면 실패자처럼 슬프게 살아가며 모든 시간과 정성과 에너지를 자기 팀에 다 쏟아붓는다. 축구에 미친 것이다. 그래서 교회에서는 "우리는 오직 예수 팀이다"라고 가르친다. '나는 예수의 사람'이라고 분명히 밝힌다. 나는 예수님의 것이다. 나는 예수님 거다. 소속을 분명히 밝히니 이제는 예수님에 열광한다. "Yo soy de JESUS"(죠 소이 데 헤수스).

축구의 신동 마라도나교 탄생

축구의 신동 마라도나의 나라, 축구의 천재 아르헨티노 메시의 나라는 축구에 사활을 건다. 월드컵 축구에서 마라도나가 손으로 골을 넣었다고 해서 "신의 손"이라고 난리다. 아르헨티나 지방 도시에는 마라도나교가 탄생했다. 그런데 정작 마라도나는 이 신흥종교에 가질 않는다.
유럽 축구의 명가 스페인 바로셀로나에서 활동하는 축구 천재 메시는 별명이 '뿔가'(벼룩)라고 한다. 피를 빨아 먹고 톡톡 튀어 높이 뛰어 올라가는 벼룩을 말하는 것이다. 벼룩처럼 빠른 속도와 탁월한 테크닉으로 퐁퐁 튀어 수비수 몇 명을 제치고 슈팅으로 상대의 골 망을 흔들어 댄다. 스페인, 그리고 유럽을 열광하게 한다. 메시의 드리블 테크닉을 분석해 보면, 몇 명을 따돌리고 폭풍질주 하는 것이 마라도나의 탁월함을 닮은 듯하다.

🌱 임마누엘축구팀 창단

청소년들을 초청하고 동원하여 축구팀을 만들고 매주 금요일과 토요일에 미니 축구장을 렌트하여 축구를 하게 한 것도 청소년, 청년들을 구원하고자 하는 사랑의 불꽃이 되었다. 라파엘 카스티조 동네의 청소년들은 우리 임마누엘교회를 다들 좋아했다. 지역사회 청소년들에게 희망을 주는 교회로 자리 잡은 것이다.

이렇게 굿 뉴스인 복음을 선포하고 성경을 가르침에도 불구하고, 두 팀으로 나누어 경기를 하다 보면 어떤 날은 서로 반칙이다, 아니다 하며 다투고, 서로 싸움을 하고 난리이다. 심판을 맡은 내가 호각을 불어도 싸움이 끝나지 않을 때도 있다. 축구가 시작되면 서로 흥분을 하고 완전 축구에 미쳐 버린다.

어떤 날에는 둘이 치고받고 해서 코피까지 터진다. 상대편 친구의 얼굴을 주먹으로 가격해서 피가 나기도 한다. 우리 교회 성도들이 가서 말리고 화해를 시켰다. 이런 상황에서 나는 안 나서고 교인들이 수습하기도 한다.

❦ 축구의 나라를
　　방주에 태우고!

　내가 예장합동 선교사로 파송되어 개척한 임마누엘교회는 선교하는 전초기지로서 100명의 건강한 모델교회로 성장하여, 이제는 재생산 사역으로 아르헨티나 목회자들을 대상으로 목회자를 재훈련하는 바울목회자훈련원으로 사역하는 선교센터(Centro Evangelico Misionero Argentina)의 역할을 감당하고 있다. 그리고 차세대 지도자들을 배출하기 위한 신학교 사역을 팀으로 사역하고, 나아가서 주변 사역들 즉 아르헨티나 토착민 종족(인디오들)을 구원하는 선교를 감당하여 방주 같은 교회로 하나님의 나라를 확장하고 있다.

　교회 사역은 화요일은 성경통독세미나, 수요일은 예배와 기도회, 금요일은 청소년 제자훈련, 토요일은 예배(성경공부 겸), 주일에는 오전에 어린이 예배를 드리고 예배 후에 중식을 제공하며, 오후 6시에는 어른 예배를 드린다(《한국인 선교사》 2005년 3월호에 올린 글).

　지금까지 아르헨티나에 선교사로 파송받아서 원주민 임마누엘교회를 개척하여 선교사역으로 하나님의 나라를 확장하게 하신 우리 하나님께 영광을 모두 돌려드리며, 우리 가정을 아르헨티나로 파송한 총회 세계선교회 G.M.S와 개명교회, 그리고 모든 후원 교회들과 모든 후원자들의 사랑의 손길과 기도로 많은 선교의 열매를 맺게 하심에 모든 감사를 보내드린다.

축호 선교사역, 문화사역, 청소년, 청년 축구팀사역

결과적으로 현지인 목회자에게 건강한 교회로 이양될 때까지 개척에서 15년 동안 선교 목회한 복음의 선교 정신은, 원주민 한 영혼이 온 천하요 한 지구라는 것이다. 구원받은 이들이 또한 한 지구촌을 만들 것이라고 선포하면서 매 주일 축호 선교, 즉 전도로 복음을 증거했다. 수많은 무리들이 몰려들었다. 복음축제로 어린이를 위한 여름, 겨울, 봄, 가을 축제와 이웃 초청잔치와 노인 초청잔치, 그리고 문화사역(영화), 의료사역(치과), 임마누엘교회 청소년, 청년 축구팀 사역 등으로 지역 주민들이 임마누엘 교회를 시장처럼 들락거렸다.

퉤! 크악! 가래침 세례

구스타보라는 어린이는 항상 교회문 밖에 기대어 들어오지도 않고 밖에서 교회의 유리창을 발로 차고, 손으로 마구 쾅쾅 두들기며 소란을 피웠다. 내가 나가서 잘 설득해서 데리고 오려 해도 말을 안 들었다. "노! 노! 노키에로"(No quiero). 팔로 안고 들어오려고 딱 안는 순간, 내 얼굴에 "칵! 퉤!" 하고 가래침을 내뱉으니 갑자기 더러운 냄새나는 가래, 하얀 침이 이마에서부터 얼굴 전체로 흘러내렸다. 악! 나는 아이에게 화를 내지는 않았지만 마음에 작은 분노는 일어났다. 그래도 아이를 내동댕이치지 않고 끝까지 아이를 안고 교회 안으로 들어가 의자에 앉게 하였고, 즉시로 손으로 얼굴에 흘러내리는 침을 닦아내고, 화장실로 가서 얼굴을 물로 씻었다.

주님의 사랑은 놀라웠다. 그렇게 더러운 침 냄새도 역겹지가 않았다. 어린이들을 사랑하고 축복해 주신 예수님이 생각났다.

"예수께서 가라사대 어린아이들을 용납하고 내게 오는 것을 금하지 말라 천국이 이런 자의 것이니라 하시고"(마 19:14).

교회 안에서 어린이들이 나의 행동을 유심히 보고 있었다. 그리고 이 소란이 지나고 주일 어린이 예배는 무사히 잘 마쳤다.

선교의 핵심적인 교회 사역을 하면서 이런 작은 핍박도 당하니 감사했다. 아이에게까지 침 뱉음을 당하는 더러운 치욕을 당했지만 주님이 나 같은 부족하고 못난 이도 복음의 생명의 병기, 도구로 사용하시는 은혜에 감사하고 또 감사했다.

주님의 십자가를 생각하며 믿음으로 인내하고 참았다. 주님의 머리에 박힌 굵은 가시관에서 흘러내리는 핏방울이 주님의 온 얼굴을 피로 물들게 하고, 채찍에 갈기갈기 찢긴 몸에 흘러내리던 피가 내 마음에 뿌려지는 느낌을 받았다. "주님, 감사합니다. 아무것도 모르는 이 아이를 용서해 주세요." 나는 보혈의 피로 물든 예수님의 십자가 고난을 천만분의 일이라도 이해가 되는 아픔을 마음으로 체휼함에 감사했다. 이성적으로, 육체적으로는 도저히 이해가 안 되는 영적인 은혜로운 주일이 되었다.

주일학교 예배는 날로 부흥하여 80명에서 120명까지 가득했다. 그러자 임마누엘 선교교회는 소문이 잘 났고, 이웃의 어린이가 오면 자연스럽게 어른들도 교회에 등록하고 또 등록을 했다.

🌱 권총 든 아빠가 선교사를 죽이려고

개척한 임마누엘교회에 도둑의 딸이 출석하고 있었다. Candi와 Micael이라는 예쁘고 귀여운 유치부 자매가 교회에 오면 하는 인사가 "Pastora, Tengo hambre"(사모님, 배고파! 배고파!)였다. 이웃 어린이들은 그애들의 아빠가 도둑이라고 말해 주었다.

그래도 그 아이들은 열심히 나와서 말씀을 들었다. 어떤 때는 얼굴이 멍들고 일그러져서 눈물을 흘리며 교회에 나왔다. 그리고 우리에게 아빠가 때렸다고 일러바쳤다. 위로받기를 원하면 언제나 아내 임 선교사의 품에 안겼다. 이웃들이 이구동성으로 도둑놈의 가정이라고 수군대는 가정이었지만 딸들은 아무 죄가 없지 않은가. 도둑의 딸들이면 어떤가? 하나님의 사랑으로 뜨겁게 Candi와 Micael을 안아 주고, 주님의 자녀로 양육하던 어느 날이었다.

어린이 축제날에 칸디가 다섯 살 많은 오빠 같은 아이에게 장난을 치다가 따귀를 한 대 맞고 얼굴이 조금 부어올라서 곧바로 집으로 달려가서 아빠에게 임마누엘교회에서 맞았다고 하니, 칸디 아빠가 화가 나서 집에 있던 권총을 빼들고 김 선교사를 죽인다고 교회로 달려왔다.

나는 그때 교회 2층에 있었다. 미르타 집사님이 달려와서 큰일 났다고, 칸디 아빠가 권총 들고 선교사님을 죽인다고 난리라고 말했다. 나는 벌떡 일어나 내려가려고 하는데 발이 잘 떨어지질 않았다. 최대한 천천히 아래층으로 내려가면서 계속 기도했다. "사탄, 악령은 물러가라, 가라!" 하면서 1층에 도착했는데 우리 성도들이 그를 이해시킨 듯했다. 김 목사님이 때린 것이 아니라 어떤 남자아이가 때렸다고 밝혀지니 화가 풀려서 막 집으로 돌아가는 모습만 보았다. 등에 식은땀이 흘러내렸다.

🌱 작은 사역 소개

임마누엘교회는 La Matanza 시에 위치해 있다. R. Castillo Cristiania 931번지에 1999년 10월 30일 임마누엘 원주민 교회를 개척하였다. 하나님의 은혜 가운데 교회의 모습이 하나씩 하나씩 갖추어진 상태에서 한 주 한 주 하나님께서 보내주신 양 떼에게 생명의 복음을 전하고 있다.

아이들이 적게 모인 날에는 우리가 부족하였나 싶어 다시금 통성기도한 후에 전도지를 돌리러 나간다. 으슥한 마을에 술과 마약을 먹은 여러 사람들이 모여 우리를 쳐다볼 때는 정말로 싫지만, 주님만을 의지하여 기쁨의 미소를 가지고 "우리 교회로 초대합니다"라고 하면 우리를 뚫어지게 바라보면서 "Si, gracias"(예, 감사합니다)라고 한다.

어린 딸 평화는 전도지 한 장 한 장 나누어 주는 기쁨에 즐거워하는 모습이다. 가난한 지역에 전도지를 돌릴 때는 항상 마음이 무겁고 긴장된다. 이 지역은 갖가지 우상들을 섬기는 가정이 많다. 또한 거친 분들도 많다. 그러나 우리는 하나님의 능력과 사랑을 가지고 나아간다.

🌱 임마누엘 개척교회 선교목회 일지

1999년 10월 30일 토요일 임마누엘 원주민 교회 탄생(개척예배). 4명이 첫 어린이 예배를 드림.

10월 31일 주일에는 첫 장년예배를 드림.

11월 5일 초등학교 앞에서 어린이 전도지를 나눠줌.

11월 7일에 어린이 6명과 어른 2명이 와서 모두 11명이 예배를 드림.

우리 가족은 평일 오후와 토요일 예배 전에 마을로 나가서 노방 선교와 방문 선교를 계속하고 있음.

12월 18일 '성탄절 초청잔치'(Celebremos Juntos Esta Navidad), 참석인원은 120명(어린이, 장년).

12월 현재 '축호 선교, 방문 선교'로 선교전략을 펴가고 있음.

🌱 최초 등록가정

12월 26일, 드디어 한 가족이 등록하였다. 어렵게 살아가는 이들 가족도 부부가 믿음을 가지고 있었다. 자녀들은 5명이었다. 또 한 가정은 어린이 초청 때 발을 내디딘 딸에 의해 그의 엄마가 나오게 되었다. 주일학생 가운데 아주 착하고 말이 없는 예쁜 어린이가 있는데, 이름은 'Cinthy'(신띠)이며 나이는 아홉 살이다. 예배가 끝나면 스스로 탁자도 닦고 나를 도와 간식 준비도 한다. 1월 15일 친구와 그의 형제자매를 전도해 와서 전도상을 받았다.

☘ 선교사의 가장 기쁜 날
Gloria a Dios(하나님께 영광)

원주민 교회에 새 성도가 왔다. 설교 말씀을 들은 후에 성령의 불 같은 뜨거움이 왔다. 그래서 그렇게 회개와 회복의 감사의 눈물을 흘렸다고 고백을 한다.

한 성도는 울기 시작했다. 은혜의 자리에 들어가니 역사가 나타나고, 죽은 삶이 살아난다. 역시 원주민 성도들도 은혜를 받아야 한다. 불이 임해야 살아나서 간증도 하고, 믿음의 삶과 성령님이 동행하는 파워풀한 삶을 산다.

☘ 고아 중에 영적 고아

Samuel(사무엘)이라는 어린이는 아홉 살이다. 이 아이는 부모가 버린 아이이다. 아이가 버려진 사실을 알았을 때는 하루를 아무것도 먹지 않고 울었다고 한다. 지금은 학교도 다니지 않고 이곳저곳을 다니며 일을 해 돈을 벌어서 키워 준 부모님께 갖다 준다고 한다. 일하지 않고 돈을 벌지 않으면 매를 맞는다고 한다. 사무엘은 우리 교회 최초의 어린이이다. 일한다고 예배도 못 드릴 때가 많으나 꼭 교회에 들어와서 우리 가족을 보고 인사하고 간다. 어떤 주일에는 일이 없는지 와서 그림을 그리고 싶다 하여서 그림을 그렸는데, 자기의 마음을 그려 놓고 'Para El que quiero mucho Ariel'(내가 많이 좋아하는 아리엘)이라는 글자를 쓸 줄 몰라서 평화에게 물어서 적었다. 우리 부부는 그 아이에게 시간 있을 때 글자를 가르쳐 주기로 하였다.

어린이 초청잔치
(HORA FELIZ) 1

불우이웃 초청잔치, 어린이 성경학교 등 많은 이벤트 행사를 통하여 성령님은 임마누엘교회 위에 역사하셨다. 어린이들이 80-100명씩 몰려왔다. 개척 5개월 된 임마누엘교회가 주일마다 어린이와 성도들로 가득가득 찼다.

어린이 초청잔치
(HORA FELIZ) 2

하나님의 은혜 가운데 '어린이 초청'은 마침 크리스마스와 겸하여 좋은 시간이 되었다. 우리 교회 행사를 도와주기 위해 다른 지역의 원주민 교회(훌링강 교회)에서 찬양 팀과 성극을 준비한 어린이들이 와서 특별 프로그램을 가졌다. 그리고 내가 복음 요술과 더불어 한 설교는 아이들의 집중을 한곳으로 모으며 좋은 반응을 가진 가운데 예수님을 영접한 시간이 있었는데, 몇몇 아이들이 손을 들어 예수님을 맞이하였다. 또한 은혜스러운 것은 다른 교회에 출석하고 있는 Luis 가족이 우리 행사에 동참하여서 전도지도 함께 나누며 행사 날에는 어릿광대의 옷을 입고 전도지를 나누며 부부가 아이들과 함께 찬양의 율동까지 선보인 것이다. 그런 가운데 120여 명이 모였다.

Luis 가족을 이야기하자면, 이들 부부는 우리 교회를 지나가는데 갑자기 마음이 뜨거워져서 들어왔다는 것이다. 이들 부부가 다니는 교회는 버스를 타고 20분가량 가야만 한다고 한다. 그의 자녀들은 우리 교회에 출석하고 있다.

맨땅에 헤딩! 개척된 임마누엘교회 부흥 무브먼트

임마누엘교회가 세워지고, 교회 주위 동서남북 2킬로미터 안은 우리가 선교의 씨를 뿌리는 지역이 되었다. 어린이 초청잔치, 청소년 축제, 노인 초청잔치, 불우이웃 초청잔치 등 행사를 많이 했다. 그래서인지 한국인이 개척한 임마누엘교회를 모르는 이가 없을 정도였다. 선교 전단지를 받고 교회에 등록을 하고, 매 주일 임마누엘교회 어린이 예배에 아이들을 데리고 오고, 또 끝나는 시간에 어린이들을 데리고 가는 부모와 형제들이 교회에 등록을 했다.

선교 이벤트 행사로 많은 성도들이 교회에 와서 개척한 지 5개월에 50-60명씩 성도들이 들어와 월세 교회를 가득 채웠다. 20년 동안 교회를 통해 복음을 들은 사람들은 약 7,300명이 넘는다. 한마디로 표현하면, 놀라운 기적이다! 역동적 성령 폭발이다! 엄청난 축복이다! 성령 행전적 역사가 그 증거이다(행 11:21 - "주의 손이 그들과 함께하시매 수많은 사람들이 믿고 주께 돌아오더라").

🌱 임마누엘교회에 등록한 대가족 20명

20명 한 가족이 우르르 우리 교회에 출석하니 교회가 가득했다. 모두 다 뒤를 돌아보며 눈들이 동그래지며 놀랐다. 나는 설교를 하면서 힘이 났다. 예배를 마친 후에 대가족 아버지가 상담을 하자고 했다. 그가 말하는 것을 들어 보니 직장이 없다, 생활이 어렵다, 돈이 없다, 옷이 없다, 힘들다 하며 교회 차원에서 자기 집의 어려움을 도와 달라는 것이었다. 그래서 "교회는 당신의 가정, 자녀들, 기업 모두 축복합니다" 하며 축복기도부터 해주었다.

그는 조건이 있다고 했다. 자기 식구들과 매 주일 교회에 출석할 터이니 교회 직원으로 채용하고 매월 봉급을 좀 달라는 것이었다. 교회는 돈을 주는 곳이 아니고, 아무나 성직자가 되는 것도 아니며, 교회 관리를 하더라도 교우들의 동의와 허락이 있어야 하니, 일단 믿음을 가지시고 교회에 출석하라고 했다. 이 대가족은 한 달을 넘겨 거의 5주를 출석했다. 그 후에 교회에서 반응이 없자 아이들만 조금씩 보냈다. 그 집은 딸이 12명, 아들이 6명, 그리고 부모까지 합이 20명이었다.

🌱 막 쪄진 따뜻한 빵

임마누엘교회는 어린이 예배 후 그리고 주일예배 후에 성도의 교제를 나누는데, 그러기 위해서는 빵과 음료가 필요했다. 풍족하게 차리지 않는데도 제법 돈이 들어가니 힘이 들었다. 그래서 한국인 교포가 경영하는 빵집(고려당)에 가서 어려운 실정을 이야기하자 자기들이 팔고 남는 빵을 주겠다고 했다. 너무너무 기뻤다.

그런데 냉장고가 작아서 보관이 힘들므로 화, 목, 토에 가지고 가라고 했다. 집에 일단 가지고 와서 냉동고에 넣었다가 주일에 가지고 가면 되었다. 때 아니게 선교사 집과 차 안에 교제의 빵, 빵, 빵의 향기로운 냄새로 가득하게 되었다. 역시 생명의 떡이신 예수님은 우리 안에서 충만하시다. 풍성하신 하나님은 멋쟁이시다!

그래서 교제에 쓰는 빵 걱정을 하지 않게 되었다. 한국인이 만든 빵이라 매우 달고 맛이 있었다. 아르헨티나 성도들은 단것을 매우 좋아하는 편이다. 하지만 팔다 남은 빵이다 보니 날씨가 뜨거워질 때면 한 번씩 곰팡이가 있는 것이 눈에 띄었고, 그런 것을 발견하노라면 즉시 아르헨티나 성도들 모르게 빨리 휴지통에 버렸다. 선교사의 아픔이었다. 그래도 임마누엘교회 개척 후 2년 반까지 이 도움의 빵으로 주님의 사랑을 나누었다. 항상 기도하고 나누는 빵이라서 단 한 번도 배가 아프거나 식중독을 일으킨 일은 없었다.

남미 아르헨티나 선교지 필드의 부활절 부흥회 설교

부활절을 통하여 총동원 선교(전도)주일을 선포하고, 양손에 두 사람씩 전도하여 오라고 선포했다. 선교사가 간이 부었다. 무지막지하게 용감하다.

아르헨티나 사람들과 남미 사람들은 유대인들처럼 기적을 좋아한다. 그래서 안수기도, 치유기도, 귀신을 몰아내는 기도를 해주면 벌러덩 쓰러지고 자빠지기를 좋아한다. 나는 성경적으로 설교를 한다. 그러므로 주님은 "일어나 걸으라!" 하셨으니 자빠지고, 거품을 물고, 몸을 떨고, 이상한 짓 하지 말라고 설교했다. 악령 귀신이 들지 않은 성도들은 안 쓰러진다고 했다. 성경적으로 악령 귀신이 사람에게 붙어 있으면 교회에서 예수님의 이름으로 기도할 때 악령이 나가면서 쓰러질 수 있다고 했다. 철저히 성경 말씀 위주로 설교하고 가르쳤다.

선교지 필드는 성적으로 개방되어 무질서하다. 그러므로 귀신 악령들이 더 많이 역사한다. 나는 매 주일 안수기도 선교사역을 하지 않는다. 한 달에 한 번 정도 특별히 아프거나 영적으로 힘든 성도들을 위해 기도해 준다. 그러나 전처럼 그렇게 쓰러지지 않는다.

"와! 보라!" 전도지를 뿌리고 병들어 아픈 사람, 귀신으로 고통하는 자들을 다 모셔오라고 했다.

부활주일, 드디어 총동원 주일 축제의 날이다. 성령의 역사를 기록한다.

부활주일 예배에 총동원된 성도들과 초청된 이웃들, 환자들로 교회가 가득 찼다. 복도에까지 앉아서 예배를 드렸다. 순서에 따라 찬양을 한 시간 동안 불같이 뜨겁게 드리고, 기도하고, 설교를 하는 중이었다. 20분 정도 설교를 하는 중에 교회 의자 정중앙에 앉아 있던 65세 된 할아버지가 갑자기 벌떡 일어나니 곁에 있던 딸과 그의 자녀들까지 모두 5명이 자리에서 일어나서 밖으로 나가는 것이 아닌가? 예배에 참석한 사람들이 나에게 집중해 있다가 나가는 그들에게 집중했다.

그래서 나는 설교를 하다가, 그냥 설교를 하면 되는데 간섭을 했다. "앉으세요! 쎄따떼! Sentate!" 이젠 모든 성도들이 설교를 듣다가 교회를 나가는 5명을 일시에 쳐다보았다. 목사의 말을 안 듣자 나는 더 큰 소리로 "En el nombrede JESUS sentate"(예수님의 이름으로 명하노니 들어와 앉아요!)라고 했다. 그럼에도 다섯 사람은 교회 문을 열고 횡하니 나가 버렸다.

무슨 강심장으로 순간적으로 이렇게 예수님의 이름까지 말했는지 나도 몰랐다. 나는 강대상에서 너무 부끄럽고 황당해서 설교의 흐름을 어찌해야 할지, 무슨 말을 해야 할지 몰랐다. 예수의 이름으로까지 명령했으니, 그리고 아무 일도 안 일어났으니, 하나님의 영광을 가리고 예수님의 이름을 욕되게 하는 것 같았다. 역사가 안 나타나면, 이 무슨 수치인가?

그런데 나갔던 그 사람들이 교회를 나간 지 2분도 안 되어 다시 교회로 돌아와서 그들이 앉았던 자리에 다시 들어가 앉는 것이다. 그들로 인해 시청각교재 설교 시간이 된 것이다.

나는 힘이 솟아나 더 열정적으로 주님의 은혜로 성령의 역사하심을 강력하게 느끼며 설교를 끝냈다. 그리고 나서 병자를 치유하는 안수기도 시간이 되었다. "아픈 환자들은 앞으로 나오시오" 했다. 아까 예배 시간에 교회를 나갔다가 다시 돌아온 다섯 사람이 제일 먼저 강대상 앞으로 나왔다. 그런데 65세 된 할아버지가 내 앞에서 눈물을 흘리고 막 우는 것이었다. 그는 내가 묻지도 않았는데 간증을 했다.

설교를 듣는 중에 몸이 너무 아파서 딸에게 자기가 너무 고통스럽고 어지럽고 죽도록 아프니 집에 가서 침대에 누워야겠다고 하고는, 의자에서 일어나 집으로 가는 중에 갑자기 통증이 사라지고 병이 떠났다는 것이다. 그래서 교회로 가자고 하여 다시 돌아왔노라고 눈물로 간증을 했다.

이날 참석한 모든 성도들은 은혜의 용광로, 성령의 불같은 역사의 도가니 안으로 들어갔다. 개척한 이후에 나타난 최고의 축제의 날이 되었다. 나는 "예수님의 이름으로 명하노니 앉으세요!"라고 했는데, 주님은 병에 찌든 이 성도를 치료해 주신 것이다. 예배에 참석한 모든 이들은 "아멘!!!" 하고 소리를 높이며, 기립박수를 치고, 눈물을 흘리고, 모두 살아 계신 주 예수님을 영접하고, 대역사를 이루었다. 안수기도도 안 했는데 주님은 이미 고쳐 주신 것이다.

치유는 내가 한 것이 아니다. 귀신 악령 마귀 사탄을 쫓아낸 것은 내가 아니라 예수님이시다. 나는 주님의 의의 병기요, 주님의 선교의 능력의 도구이다. 오직 주님께만 영광을 돌린다.

악령 마귀 귀신은 소리치며 떠나가고, 병마도 떠나가고, 환자들은 치유되고, 모든 성도들은 성령으로 충만했다. 부활주일이 성령의 축제 주일이 된 것이다.

임마누엘교회는 성령의 역사하심, 기적을 행하심으로 날로 왕성해 졌다. 이날 이후 임마누엘교회의 좋은 소문은 더욱더 많이 퍼졌다. 할 렐루야!

임마누엘교회 창립예배

2000년 6월 3일 토요일 오후 6시에 임마누엘교회 창립예배가 하나님의 은혜 가운데 드려졌다. 우리 교단의 여러 선교사님들을 모시고 원주민 성도 70여 명이 참석한 예배에서 특별히 파송 교회 목사님이 설교를 해주셨으며, 아르헨티나 선교 지부장 및 여러 선교사님들이 오셔서 이 자리를 빛내 주셨다.

1999년 10월 30일에 La Matanza에 임마누엘(EMANUEL)교회를 개척하고 선교해 오던 중 이듬해 6월 3일에 70명의 원주민이 참석한 가운데 창립예배를 드리게 된 것이다. 임마누엘교회는 월세로 시작한 작은 교회이지만 한 발자국 한 발자국씩 질적으로 양적으로 부흥하며 걸음마를 하고 있다.

🌱 임마누엘교회에 손대지 말라, 털지 말라!

아르헨티나에 경제난으로 디폴트(IMF)가 선언되는 그해에 엄청난 어려움이 밀려오자, 성난 시민들이 한꺼번에 대형 슈퍼마켓에 몰려 들어가서 자기가 원하는 것을 마구 털어가는 폭동이 일어났다. 무질서도 그런 무질서는 처음으로 목격했다. 경찰도 못 말리는 폭도들로 변한 것이다. 폭도들로 변한 시민들은 슈퍼에서 생필품을 마구 털어갔다. 어떤 이는 텔레비전을, 어떤 이는 컴퓨터를 들고 갔다.

한국인이 세운 임마누엘교회도 표적이 되어 교회를 털어가려고 폭도들이 몰려들었다(이것을 SAQUEO(삭케오: 약탈)라고 한다). 이때 교회의 성도들과 함께 동네 주민들이 청소년들과 함께 교회를 지켜 주었다. "이 교회는 우리 지역을 위한 교회다, 우리에게 유익을 주는 교회다, 손대지 말라, 털어가지 말라."

교회 주위의 중국인 슈퍼마켓은 모두 털렸다. 어떤 중국인 주인은 가스통을 장총으로 겨누며 자기네 슈퍼를 털면 가스통을 폭발시켜 모두 죽는다고 엄포를 놓아 자기 가게를 지켰다.

이날이 예배가 있는 수요일 오후였다. 교회의 성도 미르따(Mirta)가 급히 나에게 전화를 했다. "빠스톨 킴! 지금 교회로 오지 마세요! 큰일납니다. 폭도들이 도로를 다 차단했어요!" 그래서 교회에 가지 못하고 연락이 되는 모든 성도들에게 집에서 각자 가정예배를 드리라고 성경 본문과 짧은 설교문을 알려 주고, 이날은 특별히 디아스포라 수요예배를 드렸다.

돈 내놔, 목사야!

2006년 3월 19일 주일 아침 11시, 교회에서 어린이 예배를 준비하고 있는데 한 젊은이가 들이닥쳐 다짜고짜 소리쳤다. "돈 내놔!" 없다고 하자 "옷 내놔!" 하며 소리를 질렀다. 그래서 없다고 하자 나를 피를 흘리게 한다느니, 죽인다느니 한참을 노려보며 협박을 했다.

교인들은 구경만 하고 있었다. 왜냐하면 이곳에는 보복 문화가 있어서 언젠가 앙갚음을 당하기 때문에 교인들이 잘 나서질 않는 것이다. '아! 나 혼자뿐이구나!' 나는 외톨이라는 느낌이 들었다. 그렇게 초기 선교는 외로웠다.

나는 등에 식은땀이 나고, 오싹할 지경이었다. 그는 마약을 먹은 청년이었다. 주님의 교회를 사랑하는 좋은 이 악당에게 주먹으로 가격을 하거나, 강하게 제압을 하거나, 화를 내거나, 다른 반응을 할 수가 없었다. 왜냐하면 나만 외국인이고, 모두 다 같은 동족이기 때문이었다. 그리고 어찌 선교사가 이성적으로, 폭력적으로, 세상적으로 할 수 있겠는가?

나는 오직 하나님만 앞세웠다. "하나님이 당신을 축복합니다. 저는 목사입니다"라고 했더니 그는 손으로 내 가슴을 밀치고 비웃고 비아냥거리며, 자기도 목사라면서 한참을 나를 비웃었다. 나는 주님의 사랑 안에서 계속 그를 축복하였지만 그는 계속 나에게 저주를 퍼부었다. 그래도 나를 때리지는 않았다. 나는 나 같은 죄인도 이처럼 주님의 고난과 핍박에 참여하게 하신 것을 지금도 주님께 감사를 드린다.

나는 더 이상 아무 대안이 없었다. 나는 최종 무기를 꺼냈다. 그것은 기도였다. 현장의 믿음 기도로 그를 제압하였다. "예수님의 이름으로 가라! 집으로 가라!!" 나는 씨름 선수처럼 배를 내밀어 그 악당을 밀어내며 더 세게 "꺼져라. 마귀 새끼야, 예수의 이름으로 명한다. VETE A TU CASA!! 네 집으로 꺼져라!" 하고 외쳤다. 한국말로 말하면 '꺼져, 이 새끼야!!'이다. 나는 힘을 다해 큰 소리로 그를 제압했다.

그러자 놀라운 일이 벌어졌다. 순간 악당 청년은 몽둥이로 얻어맞은 것처럼 화들짝 놀라더니 우리 교회를 빠져나가 부리나케 거리로 도망쳤다. 와, 살았다. 믿음의 현장에서 강력한 명령기도가 이긴 것이다. 교인들이 이때부터 나를 더욱 신뢰하고 따랐다. 오직 승리는 주님이 주신 것이다.

🌱 마약에 취한 청년의 살기 어린 눈길

수요일 오후 7시에 예배를 드리는데 마약에 취한 한 젊은이가 문을 박차고 들어오더니 교회 뒷좌석에 앉아 계속 나를 노려보는 것이었다. 나는 순간 싸늘한 살기를 느끼며, 심장이 쿵하고 내려앉았다. '저 녀석이 마약을 먹고 왔구나. 저 녀석이 권총을 뽑아들지는 않을까' 등등 별 생각이 다 들었다.

순간 나는 마음으로 강하게 "예수 이름으로 너를 묶노라" 하고 명령기도를 했다. 주님은 나에게 담대함을 주셨다. 설교를 하면서 계속 마음속으로 기도했다. "주여, 나를 담대하게 하옵소서." 예수의 이름으로 강력하게 기도하는 순간 성령님이 나의 눈에 빛나는 힘을 주고, 담력을 주셨다. 그 청년은 마치 의자에 묶여 있는 자처럼 꼼짝을 안 하고 있었다.

예배가 끝나고 즉시 성도들에게 광고를 했다. "하나님이 저 청년을 우리 교회에 보내 주셨으니 축복기도 합시다." 즉시 성도들을 모으고 둘러서서 나는 청년의 머리에 손을 얹었다. 악령을 추방하는 기도를 드렸다. 그의 머리에 손을 얹는데 전기가 흐르는 듯 강한 힘이 임했다. 순간 악령은 사라지고, 젊은이는 "악!" 고함을 지르더니 의자에서 떨어져 입에 거품을 문 채 나뒹굴었다. 몇 번 경련을 일으키며 뒹굴더니, 제정신이 돌아왔다. 이때부터는 무릎을 꿇더니 막 울기 시작했다. "잘못했어요. 목사님!"(Perdoname, Pastor) 그래서 나는 말씀을 주며, '네 속에 있던 사탄 마귀가 나갔으니 주 예수를 믿으라. 오는 주일에 교회에 나오라'고 권유하고 축복하고 보내 주었다.

예수의 이름으로 거둔 대승리였다. 악령을 결박했다. 젊은이는 선교사를 죽이려고 왔지만, 예수님을 구주로 영접하고 자유의 몸이 되었다. 우리 원주민 성도들이 마약에 취해 거리를 누비는 이 청년의 변화를 보고 하나님께 영광을 돌렸다. 이 기적의 역사를 체험한 성도들은 더욱더 전도에 힘쓰는 교회의 기둥들이 되었다.

도둑과 마약은 친형제

마약을 하는 자들은 마약을 사기 위해서 도둑질을 하고, 이웃들을 괴롭힌다. Nanci(난시)라는 여성도가 가족과 함께 교회에 출석한 틈을 타서 젊은 도둑이 들어와 TV와 먹을 것을 훔쳐갔다. 도둑은 그것을 팔아서 2-5불(마약찌꺼기 값이다)에 해당하는 마약(드로가)을 사 먹기 위하여 매일 그런 짓을 한다는 것이다. 그런데 그 도둑은 바로 이웃에 사는 아는 청소년이라고 한다. 그래서 집을 비울 수 없어서 가족 전체가 교회에 출석을 하지 못하는 것이다. 없는 집에 무엇을 가져갈 게 있다고.

그들은 도둑이 누군지 알아도 신고도 못한다. 왜냐하면 보복이 두렵기 때문이다. 신고해 봤자 얼마 안 있으면 풀려나와 또 그 짓을 한단다. 왜냐하면 이미 그 청소년들은 마약에 중독되어 마약의 노예가 되었기 때문이다.

이것이 빈민 지역에 독버섯처럼 번져 간다니. 그리고 마약을 손쉽게 2-5불에 사서 먹을 수 있으니, 돈이 떨어지면 대낮 길거리에서도 권총이나 칼을 들고 2-5불을 내놓으라 하니 큰 문제가 아닐 수 없다. 열두 살짜리가 마약을 하다가 죽은 사건이 며칠 전 뉴스로 방영되었다. 심각한 현실이다. 정말 가슴이 저리고 아픈 이야기이다.

임마누엘교회는 난시에게 먹을 양식을 큰 봉지에 넣어 주었다. 마약 먹은 청년들이 한 번씩 우리 교회 예배 중에 찾아와서 설교를 한바탕 하고 간다. 마약을 한 청년들이 예배 시간에 오면 나는 설교하던 중에 그 청년을 제압하기 위해 잠깐 설교를 멈추고 강대상에서 내려가 청년을 쫓아낸 뒤 다시 설교하곤 한다. 교인들은 구경만 한다. 어떤 때는 마약 먹은 청년이 찬양하는 시간에 찾아오기도 한다.

반드시 예수님의 이름으로 제압하고 내어보내니 믿음이 없는 아르헨티나 성도들에게는 은혜가 되지만 우리 가족에게는 고통이 아닐 수 없다. 그러나 승리의 날은 날마다 이어지고 있다.

❧ 지하철 한 칸을 턴 4인조 권총 강도들

2004년 3월 25일 목요일 오후 7시, 사랑하는 딸이 학교에 갔다가 돌아오는 시간이다. 오늘따라 초인종을 눌러서 문을 열어 주었더니 문이 열리자 갑자기 내 품에 와락 안겨서 덜덜 떨고, 코피를 줄줄 흘리며 놀란 토끼같이 큰 소리로 울어댔다. "아빠, 강도가 내 가방을 빼앗아 갔어!"

때는 퇴근 시간이라 사람들도 많이 전철을 탔단다. 전철로 오는 길에 12명의 권총 든 떼강도를 만난 것이다. 그들은 깔끔한 가죽점퍼 차림으로 SanJose에서 지하철을 탄 다음 권총을 꺼내 들고 큰 검은 비닐 자루에 타고 있던 손님들의 가방과 돈지갑, 휴대폰, 시계, 열쇠, 보석 등을 다 털어 갔다. 평화의 아르헨티나 친구 여학생은 좋은 음향기기를 빼앗겼으며, 너무 놀라서 오줌을 줄줄 쌌다고 한다.

어떤 할머니들은 링 금귀고리를 하고 있었는데 그냥 마구잡이로 가로채니 귀가 다 찢어져 고통의 고함을 지르고 온통 아비규환이었다고 한다. 어떤 남자는 자다가 권총으로 얻어맞고 다 빼앗겼다고 한다. 평화는 다행히 깨진 시계를 차고 있어서 액세서리는 빼앗기지 않았지만 책가방을 빼앗겨서 그 안에 있던 운동복과 책, 필기도구를 집 열쇠와 함께 모두 잃어버렸다.

세상살이가 결코 쉬운 것은 아니다. 그래도 인생의 노래는 예수님 안에서 다시 시작된다.

생명의 노래

주일에 교회를 가려고 집을 나서는데 어린 새 한 마리가 우리의 길을 막았다. 어미 새를 잃고 울고 있었다. 그래서 비어 있는 새장에 넣어 두었다. 혼자서는 먹이를 먹지 못하니 곧 죽을 텐데 어쩌나 하고 불쌍히 여기는 중, 월요일 아침 새끼 새의 소리를 들은 어미 새가 우리 집 열린 문 틈으로 날아들어와 새장 곁을 맴돌고 있었다. 그래서 새장에 들어가도록 해주었다.

지금 어미 새는 자신의 입으로 어린 새에게 맛있는 먹이를 먹이고 있다. 그러므로 배부른 어린 새는 어미 새와 함께 '슬픈 울음'이 변하여 '아름다운 즐거운 노래'를 부르고 있다. 어미 새는 새끼 새를 끝까지 포기하지 않았다. 그 후에 어미 새는 새끼 새를 데리고 자유롭게 공원 숲으로 날아갔다.

임마누엘교회 사역의 기쁜 일, 슬픈 일

이번에는 임마누엘교회 사역을 하면서 겪게 된 기쁜 일과 슬픈 일에 대해 얘기해 보려고 한다.

설교를 하려고 하는데 어떤 자매 성도님이 설교를 듣던 중에 가슴과 등에 불이 왔다고 눈물을 글썽이며 간증하는 말에 나는 기쁨이 가득했다. 나는 말했다. "글로리아 아 에쓰삐리뚜산또"(성령님, 감사합니다).

가끔 이상한 청년이 교회 뒷자리에서 서성대더니 예배 후에 나에게 말했다. 땅바닥에 무릎을 꿇고 완전 엘리야의 기도를 한 후에 돈을 달라고 했다. 나는 대답을 했다. "교회는 말씀을, 복음을 주는 곳이지 돈을 주는 곳이 아니다." 그는 내 말을 들은 후 "아, 그러냐" 하면서 인사를 하고 나갔다. 그런데 30분 뒤 다시 교회에 와서는 자기가 타고 왔던 자전거를 교회에서 도난당했다고 생떼를 쓰는데, 참으로 황당했다. 술이 좀 취해서는 막무가내로 돈을 물어내라는 것이었다. 그러나 우리가 반응을 하지 않고 아무리 떼를 써도 안 통하자 그냥 가버렸다. 마음으로 기도했다. 주님은 그를 쫓아 보내셨다. 나중에 교회를 나가 보니 버젓이 자전거를 타고 교회 밖에 서 있었다.

☘ 교통사고를 당한 우리 가족

수요 집회를 마치고 집으로 가던 중에 큰 트럭이 뒤에서 우리 차량을 들이받아서 4중 추돌이 일어난 적이 있다. 하나님의 은혜로 운전한 전도사님과 딸은 아무 이상이 없는데 뒷좌석에 있던 아내 임 선교사는 목을 크게 다쳐서 깁스를 해야 했다.

아내는 이 교통사고로 전에는 없던 어지럼증으로 매년 한두 번씩 쓰러져서 입원하는 희귀한 병을 앓게 되었다. 뇌 신경계 이상으로 피곤하면 어지럼증이 심해지면서 일어서지도, 걷지도, 잘 움직이지도 못하는 질환에 시달리기 시작했다. 병원에서도 이 증상을 알면서도 정확한 진단을 못 내리는 상태이다. 평생 이 어지럼증을 짊어지고 가야 하는 처지가 된 것이다. 미리 방지하는 방법밖에는 없다. 심한 스트레스를 받거나 너무 몸을 피곤하게 일을 해도 안 되고, 비행기를 오래 타도 안 된다. 더구나 아내는 한국에서 대형 교통사고를 또 당하여 갈비뼈가 12대나 나가는 죽을 고비를 넘긴 상황이라서 더 힘든 상태이다. 그러나 선교지 필드에서의 교통사고에서도 기적적으로 회복시키시고 살게 하신 하나님께 감사한다.

☘ 불붙은 선교

지금 아르헨티나는 뜨거운 태양이 타오르는 여름이다. "메리 크리스마스!" 반바지 입고 비키니 입고 몸매를 자랑하며 성탄을 맞이하는 남미 대륙 아르헨티나이다.

선교지 전방에서 주님의 나라를 확장해 가는 우리 가정은 모든 성도님들의 기도와 손길 속에서 선교의 대장이신 성령 안에서 사역을 감당하고 있다.

이곳은 1$(페소)가 1$(1달러)인 관계로 인하여 삶의 허리끈을 졸라매고 선교사역에 임하고 있다. 오늘도 생명의 복음은 현지인들의 가슴을 뜨겁게 달구고 설레게 한다. 역전시키시는 하나님은 더 큰 선물로 이 교회를 우리에게 주셨다. 주일에는 설교가 끝난 후 영접기도 시간에 성령의 역사가 뜨겁게 임한다. 금요 집회 때는 어떻게 그리스도인의 삶을 살 것인가를 가르치고, 기도회 때에는 불같은 성령님의 역사로 병마, 귀신이 떠나간다.

❥ 돈 선교로 시험 든 주일학교 교사

원주민 교회를 담임하게 되어 마음에 기쁨, 평강이 있을 때에 에드와르도가 찬물을 끼얹는 마귀의 시험에 빠졌다. 예배가 끝난 후 그가 쌩 하니 찬바람을 일으키며 인사도 없이 사라져 버렸다. 그래서 심방을 갔더니 하는 말이 "나는 선생(Maestro)이다"라고 말했다.

이젠 교회에 출석하지 않을 것이라고 했다. 그 이유는 자기가 할 일이 없다는 것이었다. 그래서 교회에서 봉사의 일(교사)을 하라고 말했는데도 머뭇거리며 정확히 대답을 하지 않았다. 왜냐하면 전에 있던 선교사는 '한 달에 60불(1년에 720달러)을 주었다'는 것이었다. 그래서 "나는 돈을 줄 수 없다. 선교사는 돈을 주진 못하지만 생명의 복음을 준다"라고 말했다. 시험에 빠진 원인, 즉 문제는 60불의 돈 때문이었다.

이 한 사람이 다른 성도들에게까지 영향을 미쳤다. 그래서 성도들을 데리고 두 번째 심방을 갔다. 거기서 그가 직접 이야기를 했다. 자기는 교회에서 할 일이 없어서 안 나간다고 했다. 그러나 그 중심은 돈 문제였다. 선교사는 돈을 주는 것부터 하면 안 된다는 산 교훈을 현장에서 체험하였다. 성도들이 그의 중심을 이해하고서 의문이 해결이 되었다. 그 후 그의 아내는 교회에 출석하고 있지만 그는 아직 나오지 않고 있다.

호호아줌마 시리즈

요즘 호호아줌마가 복 터졌다. Teresa(데레사)란 성도가 남편의 핍박으로 신앙생활의 어려움을 기도로 요청하여 그 응답으로 많이 나아졌다고 한다. 데레사가 준, 처음으로 받아 보는 어머니날 영적 어머니에게 쓴 카드 한 장이 호호아줌마인 임성옥 선교사에게 진한 감동을 주었다. 하나님께 감사와 영광을 돌린다.

주일날 귀가하는 길에 보카 축구팀이 승리했다고 운행 중인 차들이 빵빵빵 경적을 울려서 그 사이에 낀 우리도 함께 축하의 경적을 울렸다. 자동차 빵빠레 반주는 ♪빵빵-♫빵빵빵이다(아르헨티나는 축구에서 골을 넣으면, 그리고 경기에서 이기면 승리 표시로 모든 운행하는 차량이 ♪빵빵-♫빵빵빵 하고 경적을 울린다).

생명의 복음전선

성령님의 역사하심으로 출석 교인은 어린이, 어른 모두 합해 70-80명이다. 다른 선교사들은 생활의 어려움으로 교포 교회에 소속되어 선교목사로, 부교역자로 연결되는데, 나는 오라는 곳도 찾는 이도 없어 오직 기도 굴에서 하나님만 의지했다.

이 모든 경제적 어려움을 이기게 하신 하나님께 감사하고 영광을 돌린다.

선교지 필드의 부활절

이곳은 고난주간 금요일에는 고기를 팔지도 않고 먹지도 않는다. 부활절 3일 연휴로 인하여 대부분 가족여행을 떠난다. 부활절 당일에는 계란 모양의 초콜릿을 선물로 주고받는다. 그래서 우리는 원주민들에게 한국 식대로 진짜 계란을 삶아서 예쁘게 포장해 나누어 주었더니 아주 아름답고 좋다고 감탄하며 받아 갔다.

파송 교회 송기일 목사님의 회갑잔치

아르헨티나에서는 생일잔치 문화가 참 독특하다. 아르헨티나는 모계사회로 생일날은 축제날이다. 집안에 생일잔치가 있는 날엔 교회도 불참하고, 가족끼리 모여서 선물을 나누고 고기를 구워 먹으며 생일 축하잔치를 한다. 특별히 50회 생일이나 60회 생일은 굉장히 성대하게 축제를 한다.

내가 선교지에 오고 몇 년이 지나서 파송 교회인 개명교회 송기일 담임목사님과 윤영선 사모님이 선교지 필드를 방문하여 개척한 교회에서 축복의 말씀을 설교하셨다. 원주민 교우들은 송기일 목사님의

60회 회갑 생일 소식을 듣고 그들의 문화대로 축제를 준비해 축하해 드렸다.

❦ 수재민 돕기
   작은 손길

아르헨티나 북동부 지방의 수해로 고통당하는 이웃을 위하여 우리 선교교회에서도 어른은 1불, 어린이는 50센타보 혹은 20센타보를 모아서 총 70불을 ATC 국영 방송국에 전달하였다. 빈민촌의 어려운 상황에서도 이웃을 도와주라는 주의 말씀을 실천하였다. 한인 교포들도 힘을 모아 현금 53,000달러와 의류, 식료품, 침대골촌(침대 매트) 등을 ATC 국영 방송국에 전달하였다.

❦ 호호아줌마
   임성옥 선교사

요즘 호호아줌마는 놀라고 있다. 세상이 다 그렇겠지만, 요즘 한인들 주변에는 날치기, 자동차 도난 사건, 절도, 강도 사건이 많이 일어나고 있다. 그것도 벌건 대낮에 사람이 붐비는 곳에서 일어난다. 또한 한국인이 집에 도착하면 강도들이 권총을 들이대고 집 안의 금품을 털고, 차를 빼앗아 간다. 왜 자꾸 한인들을 괴롭힐까?

한인들이 말하길, "한인 교포는 털면 적어도 500에서 몇 만 불은 나오니까요"라고 한다.

호호아줌마는 "한 날의 삶도 주께서 지켜주지 아니하시면 이 험난한 세상 어떻게 살아갈 것인가" 하고 주님께 기도한다.

🌱 아르헨티나 뉴스

- 이곳은 총기를 집에 두고 자신들의 생명과 재산을 지키는데, 초등학생이 권총을 들고 강도짓을 한, 즉 하굣길의 같은 학교 학생들을 총으로 위협해 운동화와 돈을 빼앗는 웃지 못할 사건이 로사리오에서 발생했다.
- 뚱보 여인이 두 살 남자아이를 질식사하게 했다. 이 잠버릇 험한 여인의 다리 무게에 질식사했다.
- 종말론자들의 기도회: 멘도사 주에 우수빠샤따 계곡에서 27일째 야영 집단생활하며 이번 부활절이 세상의 마지막 종말이라고 주장하고 있다. 그러나 이 사이비 종교집단 36명의 세상 끝은 오질 않았다.
- 축구장 깡패들: 축구장 폭력배들은 각 클럽의 이사들과 선수들을 협박하여 돈을 뜯는 인간 기생충들이다. '빠로따' 판사의 '축구 금지령'이 떨어지자 축구협회는 당황했고, 프로 축구가 중단됐다가 다시 속개될 것을 기다린다고 했다.

🌱 평화의 질투

어느 날 Once라는 곳에 볼일이 있어 아내와 딸이 동행했다. 버스로 20분 거리였다.

집에 올 때 버스를 탔는데, 둘은 자리에 앉았고 나는 한 어여쁘게 생긴 대만 소녀 옆에 앉았다. 나는 그 소녀에게 20분간 예수님에 대해 복음을 전하였는데, 뒷자석에 있던 딸 평화가 얼굴이 붉으락푸르락 씩씩거리며 나를 노려보고 있었다. 그 소녀는 "목사도 예수도 몰랐어요"라고 했다. '예수 구원'을 전하고 내리는데 그 소녀도 함께 내렸다. 그래서 더 반가워서 이야기를 더 했더니 평화가 하는 말, "아빠, 이제부터 여자 옆엔 앉지 마!!!"

❧ Cuento de interesante
(재미있는 이야기)

우리 가정의 입맛도 역시 한국의 입맛이라고, 어느 비 내리는 11월 초에 갑자기 한국의 호떡 향기가 와서인지 모두 다 "아! 아! 호떡이 눈에 보이니 먹고 싶다" 하면서 나에게 만들어 내라고 했다. 가족의 사랑의 명령에 섬김의 순종이 몸에 밴 터라, 호떡을 만들기 시작했다.

밀가루를 반죽하고, 필요한 재료를 다 넣었다. 그런데 호떡은 구웠는데, 완전히 떡도 빵도 아닌 희한한 생산물이 탄생했다. 그래도 호호호 하며 먹어 주는 아내와 딸을 보며 나는 행복했다. 이제는 호떡을 만드는 실력이 좋아져서 말 그대로 '호떡 그 자체'이다.

❧ 사람 사는 이야기

딸을 공주처럼 아침마다 학교에 데려다주고, 또 수업이 끝나는 시간이 되면 학교에 가서 모셔 와야 한다. 보호자가 가지 않으면 학교에서 아이들을 보내지 않는다. 4학년까지 이렇게 해야 된단다.

평화가 아직도 이 나라 말을 잘 못하는데 시험 칠 때 친구들이 좀 가르쳐 달라고 한단다. 학교에서 성적표를 12월 16일에 받아왔는데 이제 4학년 올라갈 자격을 취득했다.

🌱 콩나물 아줌마

이곳은 콩나물이 너무너무 비싸서 잘 못 사서 먹으니 대책을 세우기 위해 가족회의를 열었다. 콩을 사서 직접 키우기로 하고, 그 책임은 콩나물 아줌마로 '임 사모'가 당첨됐다. 콩나물을 키우는 기술은 '김 목사'가 제공하고, 물은 '평화'가 주기로 했다.

그런데 콩나물 아줌마가 기술도 제공받지 않고 자기 상식대로 콩을 물에 넣었다가 냉동고 안에 넣었다가 우유팩을 3개 구한 다음에 꽁꽁 얼어버린 콩들을 비로소 꺼내서 우유팩에 넣어서 물을 주니, 원 세상에, 콩나물 싹은 안 나고 썩은 냄새만 나는 것이었다.

그렇잖아도 '기술 김'이 말했다. "벌써 얼어죽은 콩들은 생명이 없는데 어떻게 살 수 있냐고요?" 그래도 잘했다고 빡빡 우기는 콩나물 아줌마, 정말 못 말려!!

그래서 생명, 소망의 불쌍한 콩, 콩, 콩들을 모두 쓰레기통으로 보내고 다시 시작했다. 임 선교사는 고집의 콧등이 꺾여, 기술을 제공받고 콩씨들 생명 틔우기에 성공했다.

그런데 또 콩을 너무 많이 넣어서 키 크기 경쟁을 벌이니 바로 크는 놈, 옆으로 크는 놈, 거꾸로 머리 처박혀 크는 놈, 아이고 참말로 굉장했다.

이제는 너무 잘 키워서 많이 먹어서인지 지쳐서인지 요즘은 '팍팍 쉰다고' 콩나물 아줌마 사역을 쉬므로 콩나물이 무척 그립다.

아르헨티나 영혼들에게 정성을 다하여 싹을 틔우게 하고, 물을 잘 주어야 한다고 귀한 깨달음을 얻었다. 그리고 썩거나 거꾸로 자라지 않도록, '자라게 하시는 주님'께 더욱 지혜로운 영적인 콩나물 아줌마가 되도록 기도했다.

영적인 발광

'오리도 발광을 하면 하늘을 난다'는 말이 있다. 선교 현장도 현실은 현실이지만, 초년생 쫄따구 선교사도 영적으로 발광하며 기도하면 심령에 불이 붙어서 구령의 열정으로 도전적으로 선교사역을 멋지게 해낸다.

영적인 것은 영적인 것이고, 육적인 삶에는 왜 감격의 노래가 없는가? 영적인 색깔이 분명하지 않은 심령의 노래는 자기만족의 노래이다. 믿음의 삶이 정체성을 밝혀야 한다. 선교사는 세상의 빛이다.

총신대학교 신학대학원 1학년 때 들은 말이 기억이 난다. 신대원 1학년생은 부흥사이다. 아주 열정적이고 불같이 뜨겁고 예리하다. 신대원 2학년생은 장로의 영성이다. 신대원 3학년생은 평신도의 영성으로 다운되고 진액이 빠져서 흐물흐물하다.

나도 영성 관리를 잘 안 하면 병아리 선교사 소리를 듣겠다 싶어서 정신을 차리고 일어났다. 영맥의 실존 현상을 못 보는 육신의 생물학적 눈이 영감의 심령의 뜰을 어찌 알겠는가? 건강한 영성으로 일어나서 어둠에 기가 죽거나 두려움 없는 깡이 있는 선교사요, 불꽃이 일어나는 선교사요, 사랑의 눈물이 있는 선교사요, 열정의 가슴이 있는 선교사가 되리라고 결단하고 각오하며 다짐해 본다.

주님! 성전 터를 주옵소서!

우리 원주민 교우들은 수요 기도회 때마다 성전 건축을 위한 기도회를 가진다. 그 기초로 성전 건축을 위한 바자회를 시작하였다. 이번 두 번째 바자회는 훨씬 자발적으로 움직였다. 현지인 성도들이 교회를 위하여 봉사하겠다고 자청하여 일하였다. 그리하여 손쉽게 시작하여 끝이 났다. 1,200불이란 물질이 들어왔다. 목적이 분명한 바자회 물질은 교회 성전 건축을 위하여 모으고 있다. 또한 교우들도 교회 성전을 위하여 열심히 기도하며, 기뻐하는 마음으로 움직여 주고 있다. 성도들이 많이 오면 자리가 비좁기 때문에 속히 성전이 건축되길 주님께 간구하고 있다.

아! 싹트는 새 생명의 약동

요즘 우리 임마누엘교회는 토요일 '어른 성경공부반' 모임이 점점 늘어나고 있으며, '주일학교 학생부 예배'도 이제 교사가 형성되어서 각반으로 나뉘어 성경공부가 아름답게 이어져 나가고 있다. 8월 5일은 두 번째 어린이 초청 말씀잔치를 할 예정이다. 'HORA FELIZ' 프로그램으로 이웃의 어린이들을 초청하여 좋은 시간을 만들려고 한다. 9월에는 이 지역 노인들 초청을 계획하고 있다.

임마누엘교회는 한 걸음 또 한 걸음 기초 다지기와 지역에 좋은 일들을 하려고 힘쓰고 있다.

🌱 김 선교사는 복음 선교의
   호랑이냐, 고양이냐?

선교의 호랑이냐, 고양이냐? 어홍이인가, 야옹이인가? 서울 서초동 원지에 있는 청계산을 아르헨티나로 옮겨 간 선교사. 나는 영적 별명이 기도하는 청계산의 호랑이이다. 아마도 기도실을 만들어 국제선으로 선교지로 실어간 선교사는 나 외엔 없을 것이다. 조립식 기도실을 만들어 준 분은 당시 개명교회 시무장로님 백외식 장로님이다. 선교사가 영성이 떨어지면 야옹이가 되어 버린다. "어홍!" 하면 귀신이 떠나가고, 병마가 떠나가고, 어둠이 사라진다. 그런데 영성이 떨어지고 "야옹!" 하면 쥐들이 도망가며 "용용 죽겠지!" 하고 놀린다.

나는 총신대 신학대학원을 다닐 때도 공부는 하되 학구파가 아니라, 사당동 뒷산에 있는 기도실에서 선교를 준비한 기도파였다. 용인 양지 캠퍼스에도 산에 기도실이 있어 틈만 나면 기도로 선교를 준비하였고, 신학생 때 밤에는 청계산기도원에 가서 수시로 밤 40일 기도를 작정하며, 선교를 준비하였다.

당시에 남아메리카 선교사로 파송 받는다는 것은 어려운 일이었다. 파송 교회가 생길 때까지 기도로 준비하였다. 하나님은 개명교회를 통하여 선교 훈련을 받게 하시고, 무사히 선교 훈련을 마친 뒤 아르헨티나로 파송도 해주셨다. 전적인 하나님의 은혜요, 기도의 응답인 것이다.

선교지에서도 늘 기도실에서 기도하며, 아르헨티나 원주민 교회 개척 준비를 하였다. 그리고 가정 선교를 기도 선교로 무장했다. 사중구도의 영성을 준비하는 가정, 기도하는 선교사 가정으로 비밀병기로 무장을 한다. 아침 6시에는 모두 모여 가정예배를 드린다. 그리고 각자 방으로 가서 개인기도 큐티를 한다. 저녁에는 감사예배를 드린다.

그리고 또 잠자기 전에 각자가 개인기도를 드리고 취침에 들어간다. 왜냐하면 아르헨티나는 총기를 가정에 두고 정당방위를 위해 휴대하는 나라라서, 강도들이 많고 도둑이 설친다. 아침에 하나님께 다 맡기는 기도를 드리고, 저녁에는 무사히 지켜 주심을 감사하는 기도를 드린다.

원주민 교회를 개척한 후에도 교회로 기도실을 옮겨서 기도 생활을 게을리하지 않고 있다. 기도실 덕분에 선교를 수월하게 한 것 같다. 기도하는 선교사로 선교사역을 하게 됨을 더욱더 감사하며, 우리 주님께 모든 영광을 몽땅 올려드린다.

오늘은 무지 즐거운 날이다

Guillermo와 Nadia가 토요일 11시 예배 후에 세례를 받는 날이다. 안 나오던 그들의 부친(Juan)이 교회에 출석했다.

2007년을 마무리하면서 귀한 열매를 주님께 선물했다. 천하를 주고도 바꾸지 않을 인생이 주님 안에 사는 인생이다. 세례를 주고 물에서 올라오는데 얼마나 기쁨이 임하는지, 참으로 기쁨의 날이다. 성령의 임재가 느껴지는 은혜의 날이다.

우리는 터부(저주)를 거는 존재가 아니라 깨뜨리는 존재들이다. 잘된다. 잘된다. 내 인생은 잘된다. 내 교회와 내 가정은 잘된다. 반드시 잘된다.

2008년 주제는 "성령을 받아라"이다. 성령을 충만히 받아 교회를 세우고, 이웃을 살리며 성도들을 가르치자. 생명의 능력이 활화산처럼 타오르게 하자. 성령을 받아 하나님 나라의 아빠 되신 하나님을 잘 따르자. 하나님의 '의와 생명'의 통치를 이루자. 죄로 말미암은 '고통과 죽음'의 사탄의 통치를 종결하자. 참 복음을 증거하자.

치유는 전인적·포괄적으로 온다. 몸의 치유, 가정의 치유, 부부의 치유, 기업의 치유, 자녀들의 치유, 심령의 치유, 생각의 치유, 사상의 치유, 마음의 치유, 환경의 치유 등으로 광범위하다. 온전한 하나님의 통치를 맞이하자. 야!!! 내가 살았다!!! 이 탄성의 의미가 '복음'이다. 그런데 복음이 활력을 잃어가고 있다.

🌱 2008년 6월 1일 주일에 일어난 사건

우리 교회에 나오는 어린이 가운데 3세 아젤렌이란 여자아이의 부모는 이단 종교인 움반다(닭 목의 피를 뿌리며 제사하는 우상종교)를 믿고 있다. 그럴지라도 주일에는 우리 교회에 여섯 명의 자녀들을 보낸다.

2008년 6월 1일 주일에 감기에 걸린 어린아이를 그 언니들이 데리고 교회에 출석했다. 그리고 그의 엄마가 두 남자 아이를 또 교회로 데리고 와서 그의 언니들이 어머니에게 말했다. "아젤렌이 머리에 열이 있어요." 그 엄마는 "괜찮아"(Esta bien) 하고 아이를 맡기고 집으로 돌아갔다. 그런데 아젤렌이 낮 12시에 어린이 예배 후 분반 공부 시간에 주일학교 교사인 제시카 반에서 공부하다가 12시 15분경에 갑자기 거품을 흘리며 의식을 잃었다.

나는 교회 2층에 있다가 소식을 듣고 내려가서 아이 위에 손을 얹고 긴급 기도를 했다. 다행히 아이는 숨은 쉬고 있었다. 교사들과 아젤렌의 언니들이 긴급하게 그 부모에게 연락하여 아이를 병원으로 급히 데려갔다.

교회는 초긴장, 초비상이 걸렸다. 감기로 인한 고열로 기절한 것이었다. "주여, 아젤렌을 살려 주세요! 치료해 주세요. 죽어 가는 영혼들을 살리고자 주님의 일을 하다가 이런 일이 발생했사오니 해결해 주십시오. 아멘!" 우리 교회 교사들과 어린이들까지 합심하여 예수님의 이름으로 기도하였다.

두 시간 후에 병원에서 아이의 언니들로부터 아이가 무사하다는 연락을 받았다. 한시름 놓고 이제는 기도가 감사기도로 바뀌었다. "예수님의 이름으로 감사기도 드립니다."

그때부터 감기 들어 머리에 열이 나거나 아픈 아이들은 집으로 돌려보냈다. 주님은 우리 임마누엘교회 어린이들에게 큰 위로를 주셨다. 이후에 아젤렌의 부모는 우리 교회에 감사의 인사를 전했다.

🌱 와! 이번 선교는 100% 대박! 순간 선교차량을 꽝!

아르헨티나 북쪽, 임마누엘교회에서 1,300킬로미터 떨어진 토착민 키츄아 종족 선교를 가서 2박 3일 동안 주 예수님의 은혜와 사랑으로 성령으로 복음을 전한 뒤, 돌아오는 길에 쉘 주유소에 들러서 주유를 하고 있었다.

이때 우리 선교 일행은 이번 선교는 100% 엄청난 승리였다면서 박수를 치고 환호성을 지르며 기뻐하고 있었는데, 갑자기 '꽝!' 하며 주유하던 차 앞 범퍼가 깨지며 떨어져 나가고 차체가 심하게 흔들렸다. 세상에, 우리 앞에 정차해 있던 덤프트럭이 슬슬 밀려와서 우리 차를 꽝 박은 것이다.

트럭 운전사가 운전석에 타고 있었는데, 자기는 전혀 몰랐다는 것이다. 참으로 황당한 일을 당했다. 우리 선교사들은 찬물을 흠뻑 뒤집어쓴 듯 완전 얼음장 분위기가 되었다. 순간 우리 기분도 꽝이 되었다. 주유소 직원들도 어이가 없다고 했다.

트럭 운전사에게 자초지종을 따졌더니 자기도 어떻게 이렇게 되었는지 모르겠다며, Que! Diablo! 악한 영, 귀신의 역사 같다고 했다. 우리 선교 일행은 깜짝 놀랐다. 와, 사탄이 우리의 기뻐함을 듣고 즉시로 우리 일행에게 찬물을 퍼부었구나!

쉘 주유소의 입회하에 경찰이 와서 조사를 하고 수습을 했다. 그런데 트럭 운전사의 보험은 가짜였다. 선교사인 우리 일행은 트럭 운전사를 경찰 감옥에 보내지 않고 용서해 주었다. 결국 차 사고로 인해 보험회사의 보상도 못 받고, 수리비는 고스란히 우리의 부담이 되었다. '선교를 엄청나게 잘하여도 예수님만 자랑하자! 너무 날뛰며 자랑하지 말자' 하며 다짐을 했다.

우리는 깨진 범퍼를 끈으로 동여매고, 겸손하게 1,300킬로미터를 달려 무사히 임마누엘교회에 도착했다. 임마누엘교회에서 선교 간증 감사예배를 드리면서 지켜 주신 하나님께 감사기도를 드렸다.

🌱 터부(저주)를 깨고, 악령을 초전박살 내는 선교 스토리

남미 아르헨티나 선교지 필드에서 임마누엘교회를 개척한 우리 가족과 임마누엘교회 원주민 성도들로 구성된 단기선교 팀의 선교사역에서 초자연적인 기적이 두 번이나 나타났다. 광야 정글 Namby(남미) 지역에 죽어 가는 영혼들을 구원하기 위해, 해마다 두 번씩 단기선교를 간다. 내가 개척한 임마누엘교회의 아르헨티나 성도 8명과 미국 올랜도 비전교회에서 온 한국인 청년부 단기선교 팀 12명과 Loreto 광야에서 우리를 돕는 목회자와 찬양 팀 원주민 키츄아 성도들 10명, 모두 합하여 30명이 남비 광야 정글 교회에서 선교사역을 시작할 때 경험한 두 가지 큰 기적의 사건을 기록하고자 한다.

우리 연합 단기선교 팀 20명은 부에노스아이레스에서 1,300킬로미터를 달려 Loreto로 가서 광야 지역 원주민을 돕는 팀과 찬양 팀 10명과 합류하여 그다음 날 낮 12시쯤에 Namby(남비) 지역에 들어갔다.

이곳은 사탄을 숭배하고 정령숭배를 하는 악한 영들의 종들이 저주를 많이 하는 곳이다. 사탄은 이때도 우리 선교 일행을 향해 저주의 덫을 놓았다. 죽은 새들을 불에 그슬려 검게 태우고, 검은 줄로 꼬아 엮어서 그 새들을 우리가 들어가는 길에 깔아 놓고, 잘 안 보이도록 흙으로 살짝 덮어 놓았다. 죽은 새들의 죽음의 저주의 줄을 길에 치는 것이다. 정령숭배자들은 주문을 외우며 말한다. "이 줄을 넘어가면 저주받는다…."

우리 팀원 선교사들은 터부를 거는 존재가 아니라 터부를 박살 내는 존재이다. 우리는 이 저주와 죽음의 라인을 믿음으로 담대하게 넘어갔다. 우리의 동행자, 영원한 파트너는 불 같은 성령님이시다. 아무런 일도 없었다. 아무런 일도 결코 일어나지 않았다. 선교는 사탄 악령 귀신과의 영적 전쟁이다. 저주와 죽음과의 영적 전쟁이며, 사탄 마귀 악령을 초토화시키고 복음으로 생명을 살리는 선교 전쟁이다.

우리의 일행은 선교사역을 다 마치기 전에 축복기도를 한다. 그때에 원주민 Namby 성도들이 얼굴이 새까만 19세 정도 된 자매를 내 앞에 데리고 왔다. 그리고 암이 걸렸으니 기도를 해달라고 했다. 그래서 머리에 손을 얹고 기도하는데, 옆에서 어떤 사람들이 "시체가 보인다! 시체가 보인다!" 하며 죽음의 저주를 했다. 나는 눈을 뜨고 "예수의 이름으로 명하노니, 사탄아! 물러가라!"고 명령 기도를 했다. 때로 나는 악령과의 필사적인 전투에서 눈을 뜨고도 기도한다. 즉시 잠잠했다. 기도로 이겼다. 기도 받은 자매는 치유되었고, 검었던 얼굴이 환해지고, 변화되었다. 모인 무리들이 모두 박수를 치고 기뻐했다.

광야 정글 선교지 필드에 날벼락(차벼락) 위험, 비켜!~ 후에라!~

앞에서 말했듯 광야 정글 Namby 지역을 구원하기 위해 해마다 두 번씩 단기선교를 간다. 임마누엘교회 아르헨티나 성도 8명과 미국 올랜도 비전교회에서 온 청년부 단기선교 팀 12명과 광야에서 우리를 돕는 목회자와 찬양 팀 10명과 합하여 30명이, 남비 광야 정글 교회에서 사역을 마치고, 저주를 건 그 길을 다시 돌아서 오는 길이었다. 이 길은 너무 좁고 가시밭길이라서 버스가 들어갈 수 없어서 렌트한 버스는 남비 마을 밖 도로변 내리막길 왼쪽에 주차를 한 상태였다. 주차한 차량 뒤쪽은 경사진 오르막길이었다.

우리 일행과 배웅하는 원주민 아이들이랑 약 60-70명 정도가 길을 걸어서 버스를 향해서 가는 중이었다. 원주민 아이들도 우리 선교 팀이 준 작은 선물들을 손에 쥐고 빈 들의 가시밭을 헤치고 나와서 우리 일행과 함께했다. 우리 선교 팀 모두 주차한 버스에 가까이 가는 중이었다.

이때 두 번째 기적이 나타났다. 소를 두 마리 실은 덤프트럭이 브레이크가 터진 채로, 우리 선교 팀원과 원주민 등 70여 명 뒤쪽으로 경사진 비탈 언덕에서 무섭게 돌진해 내려왔다. 갑자기 고함을 치는 큰 소리가 귀에 들렸다. "후레노!(Freno) 후레노! 후레노! 브레이크! 브레이크!" 덤프트럭의 운전석과 조수석의 문이 열린 채로 부르짖는 운전자와 두 청년의 고함소리였다. 나는 순간 알아차렸다. '브레이크가 터졌구나!' 너무 당황하고 놀란 나머지 그냥 죽을힘을 다해 고함을 질렀다. 이것은 고함이 아니라 외마디 괴성이었다. "비켜!~~ 후에라! 브레이크! Freno~~~!" 순간 트럭은 우리의 선교장비와 캔디, 과자류 등 선물을 실은 오른쪽에 주차된 트럭을 향하여 돌진하여 꽝 하고 박치기를 했다.

순간 비포장도로의 흙먼지가 굉음과 함께 폭발했다. 흙먼지로 앞이 안 보였다. 나는 아이들이나 선교 팀원이 많이 죽거나 다친 줄 알고 혼비백산하여 아이들을 살려보려고 빨리 달려들어, 충돌해 부서진 트럭과 소를 실은 덤프트럭 밑으로 엎드려 살폈다. 차량 밑에는 아무도 없었다. 하나님은 내가 한국말로 "비켜"라고 할 때에 한국 사람들인 선교 팀들을 밀쳐서 좌우편으로 대피시키신 것이다. 그리고 "후에라!"(FUERA: 밖으로 나가) 할 때에 우리 주님은 원주민과 아르헨티나 현지인 성도들을 밀쳐서 대피시켜 주셔서 한 사람도 죽거나 다친 사람이 없었다.

휴!!! 우리 선교 팀 일행이 가져간 카메라가 휴대폰까지 해서 수십 대인데, 나를 포함해서 모두들 너무 놀라서 혼비백산하여 이 기적의 사건을 카메라에 담은 사람이 한 사람도 없었다. "오 주님, 감사합니다." 나는 '이 위험을 알고 주님은 단기선교 오기 전에 나에게 하루에 5시간씩 40일 작정기도를 시키셨구나' 하고 깨닫고 소리쳐 감사하였다.

우리 일행과 원주민 어린이와 어른들이 버스를 향해 걷고 있을 때, 모두 뒤에 눈이 달리지 않았으니 뒤에서 차량이 돌진해 오는지 아무도 몰랐다. 괴물 트럭을 발견하고 내가 생명을 다해 부르짖은 고함과 주님의 손이 임하여 모두 도로 오른쪽 왼쪽 양옆으로 비켜서 살 수 있었다. 우리 선교 팀을 향해 돌진해 왔던 덤프트럭이 사고로 부서지면서 트럭에 실려 있던 큰 소 두 마리는 죽어 있었다.

나는 저주를 축복으로 바꿔 주신 주님께 감사하면서 이사야 43장의 말씀을 떠올렸다.

"야곱아 너를 창조하신 여호와께서 지금 말씀하시느니라 이스라엘아 너를 조성하신 자가 이제 말씀하시느니라 너는 두려워 말라 내가 너를 구속하였고 내가 너를 지명하여 불렀나니 너는 내 것이라 네가 물 가운데로 지날 때에 내가 너와 함께할 것이라 강을 건널 때에 물이 너를 침몰치 못할 것이며 네가 불 가운데로 행할 때에 타지도 아니할 것이요 불꽃이 너를 사르지도 못하리니 대저 나는 여호와 네 하나님이요 이스라엘의 거룩한 자요 네 구원자임이라 내가 애굽을 너의 속량물로, 구스와 스바를 너의 대신으로 주었노라"(사 43:1-3).

우리 선교 팀은 물을 지나도 침몰하지 않고, 불을 지나도 타지 않는다. 우리 선교 팀원들 대신에 죽은 두 마리의 소들을 생각한다.

☙ 안데스 산맥 토착민 마뿌체 종족 선교

아르헨티나에 개척한 임마누엘교회가 선교하는 교회가 되어서 남쪽 안데스 산맥에 사는 토착민(인디오) 마뿌체 종족 사역과 북쪽에 사는 키츄아 종족을 선교하는 교회가 되었다. 임마누엘교회는 한국인 선교사인 내가 뜨면, 임마누엘 선교 팀인 아르헨티나 성도들도 함께 움직인다. 임마누엘교회의 선교 영향력은 굉장하다. 벌써 8개 지역을 점령해 들어가고 있다. 만나는 어린이들을 포함해서 한 지역에 200명씩 잡아도 1,600명을 구원하고 양육을 돕고 있다.

인디오 풍습 중에 독특한 것이 있다. 인디언들은 화가 나는 일이 생기는 즉시 산속으로 들어가서 땅을 파고 그 구멍에다 대고 실컷 소리를 지르고, 울기도 하고, 분을 푼다. 그리고 다시 흙을 덮고 내려오는데, 그 후로 다시는 그 일을 거론하지 않는다는 것이다. 우리도 십자가 앞에 모든 짐을 다 내려놓았다가 교회를 나가면서 다시 그것을 되찾아 가서는 안 되지 않겠는가.

개척 임마누엘교회 성도들의 재생산 선교사역

나는 남미 아르헨티나 부에노스아이레스의 450만 도시 라 마탄사(La Matanza) 시에서 임마누엘(EMANUEL)교회를 개척하여 선교목회를 하였다. 개척한 지 7년 만에 재생산 사역으로 현지인 임마누엘 교인들을 단기선교 팀으로 일으켜, 남쪽 파타고니아 지방 10만 인디오 마뿌체 종족을 섬기고, 북쪽 산티아고 델 에스테로 광야 정글의 키츄아 인디오 종족 8개 마을에 건강한 교회를 일으켜 세우는 사역으로 섬겼다. 그 후 15년 사역의 열매로 현지인 교단에 이양을 하여 건강한 토착화 교회(아르헨티나 교회)로 세웠다.

그리고 한국인 선교사인 우리 가정 또한 개척해서 선교목회로 사역하던 현지인 임마누엘교회의 기도 후원을 받는 선교사로 세워지고 파송되어, 동원 선교사역(파라처치) '월드프레이어스쿨'(세계기도자학교)을 통하여 아르헨티나에서 멕시코까지 스페인어를 사용하는 라틴아메리카 20개 나라 교회들을 건강하게 하는 프로젝트 사역으로 세계선교의 불을 지피는 불씨가 되고 있다.

☘ 전기도 없는
   광야 정글 선교

임마누엘교회가 복음으로 구원한 아르헨티나 성도들을 동원하여 단기선교 재생산 선교사역으로, 지방 오지 키츄아 부족 인디오 선교를 통하여 8개 마을에 돕는 교회 원주민 성도들만 해도 2,500명이 넘는다.

☘ 목회자 훈련원을 돕는
   선교하는 교회

우리 교회 단기선교 팀은 모두 아르헨티나 교우들이다. 또한 원주민, 현지인 목회자 훈련원 센터로 목회자들을 200-300명, 혹 500명을 훈련하는 기간에는 7년 동안 전 교인이 동원되어 참여한 목회자들을

안내하고, 차와 식사를 제공해 주고 천사들처럼 섬겼다.

🌱 23년 선교사역

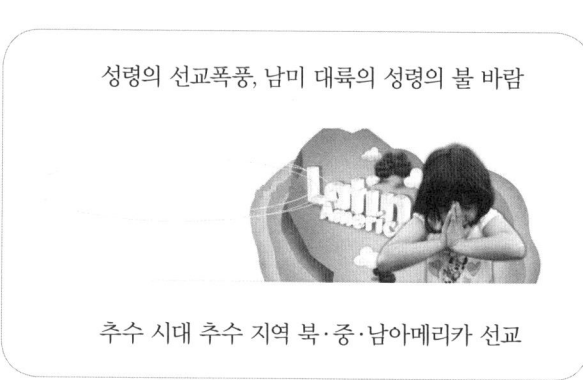

우리 가정은 1996년 아르헨티나에 도착하였다.

1) 개척교회 선교사역으로 1999년 10월 30일에 라 마탄사 시(La Matanza)에 임마누엘(EMANUEL)교회를 개척하였다. 지금은 성장하여 재생산 사역으로 건강한 모델교회가 되어 BS-AS 안의 3,000개의 주님의 아르헨티나 교회들에게 상황화를 제시하는 교회로, 그리고 재생산 선교사역의 전술·전략적으로 주님의 지상명령 복음의 불꽃, 섬광을 일으키는 '시너지 선교사역'이 펼쳐지는 살아 숨 쉬는 교회로, 환경은 열악하지만 반석 위에 서 가고 있다.

동역자 Jorge Perez 원주민 목사님 가정이 키츄아 부족 선교로 함께 사역하고 있다.

2) 인디오 광야 선교사역

"남아메리카 남미 최남단 아르헨티나 파타고니아 남쪽에서 북아메리카 캐나다까지 북진하는 복음의 불덩어리."

마뿌체 부족과 키츄아 인디오 부족 광야 마을의 8개 교회를 건강한 교회로 성장하도록 세우고 섬기는 팀 선교사역으로 시너지 사역을 지향하고 있다.

① 3만 구원을 위한 광야 사역(8지역)으로 광야 인디오 교회를 건강하게 하는 선교사역
② 어린이·청소년사역, 문화사역
③ 플랜팅 처치 개척사역

주여! 이 산지를 주옵소서!
(안데스 산맥, 파타고니아 산지)

제4세계권 라틴 몽골리안(인디오의 엉덩이에 몽고반점이 있다) 미션 행진으로, 안데스 산맥 파타고니아 지방에 거주하는 토착민을 구원하기 위해, 임마누엘교회는 부흥 성장하고 재생산하는 미션사역으로 평신도 선교사들 즉 단기선교 팀을 조직하고 훈련하여 토착민 인디오 부족을 구원하는 교회가 되었다. 선교 현장의 인적 자원과 물적 자원을 동원하여 안으로의 시너지 미션으로 단기선교 팀원은 모두 아르헨티나인 성도들이다. 이는 재생산 사역으로 총력화한 시너지 선교 동원사역이다.

아르헨티나 남쪽으로는 마뿌체(Mapuche) 종족(꼬빠우에)을 대상으로 하는데 안데스 산맥 아래 산속이나 강가, 호숫가에 양 떼를 치며 살고 있는 종족을 대상으로 하는 사역이다. 임마누엘교회가 마뿌체 인디오를 만나려면 1,800-2,000킬로미터를 비행기나 고속버스로 가야만 한다. 하나님은 마뿌체 종족 선교사역을 지시하셨고, 아르헨티나에서 최고의 온천 지대인 꼬빠우에로 12인승 승합차로 성도들과 함께 발길을 옮겼다.

　　마뿌체 인디오 토착민은 약 10만 명으로 아르헨티나에서 제일 많은 종족이다. 이들은 안데스 산맥을 중심으로 아르헨티나와 칠레 국경 근거리에 살고 있다. 마뿌체 인디오들은 스페인인이 남아메리카에 당도하기 전부터 감자와 옥수수를 중심으로 농어업을 주로 하고, 낙타과의 동물을 가축으로 기르는 목축도 겸하면서 100만 명이 넘는 수가 살았다. 일부다처제를 통한 혼인 동맹과 잦은 친족 방문으로 넓게 연결되어 '한 사회'를 이루었다. 강과 바닷가를 왐포(wampo)라고 하는 배로 다니는데 주요 교통 수단이었다.

　　마뿌체 족은 아르헨티나와 칠레 지역을 주 무대로 살아가는 남아메리카의 토착민 집단이다. 아르헨티나, 칠레 정부와 싸워가며 수백 년간 독립을 유지해 온 전투 토착민이다.

　　스페인의 침공으로 인한 전쟁과 전염병으로 마뿌체 종족 사회에서 수십만 명 넘게 죽으면서 문명 수준은 상당

히 후퇴했다. 내가 만난 마뿌체 꼬빠우에 마을 교회의 마르틴(Martin) 목사님의 말이다. '우리들이 성경을 믿는 유일한 근거가 있다. 그것은 안데스 산맥 정상에서 많이 발견된 5천 년이 넘은 조개화석들이다. 어떻게 해발 2,700미터나 되는 안데스 산꼭대기에서 바다의 조개가 살 수 있는가? 사람이 옮겨 놓을 수가 없다. 이것은 자연적으로 드러난, 증명된 사실이다'.

원주민 목사의 집 처마에 진열된 조개화석을 너무너무 신기하게 보고 있는 나에게 마르틴 목사는 그것을 가지길 원하느냐고 물었다. 그래서 나는 큰 조개화석 둘과 작은 조개화석 하나, 모두 세 개를 선물 받았다.

이 조개화석은 철이나 돌같이 단단하다. 이 증거물 조개화석으로 말미암아 성경이 말하는 노아의 홍수를 역사적인 사건으로 믿을 수 있다. '5천 년 히스토리 조개화석 복음'이라고 말하고 싶다. 자연계에 나타난 증거는 확실하다. 이로 말미암아 하나님의 성경과 창조세계와 인류 구원을 확실히 믿는 종족이다. 성경을 믿는 바탕 위에 말씀을 가르쳐 제자 삼는 선교사역은 영적으로 미라클 시너지의 효력이다.

임마누엘 선교 팀을 동원하여 복음을 전한 마뿌체 토착민 마을의 종족들은 유목민들이다. 각 집이 두 채이다. 그들은 봄이 오면 양과

염소와 소, 그리고 동물들을 푸른 초장과 계곡으로 이동시켜서 목축을 한다. 그래서 거기에 집도 있고, 교회도 있다. 봄과 여름과 가을을 초장과 물가에서 보내고, 눈이 내리고 얼음이 어는 겨울이 오기 전에 계곡을 따라 동물들을 데리고 안데스 산 아래의 겨울 마을로 이동한다. 겨울집이 또한 준비되어 있다. 물론 거기도 겨울에 예배드리는 교회가 있다. 우리 단기선교 팀은 이들 마을에 복음을 전했다.

안데스 산맥 밑에서 양 떼와 소 떼를 치는 마뿌체 종족에게 옷을 선물하고, 생필품 전달로 구제선교도 병행했다.

토착민 인디오 Cajon Chico(까혼치꼬) 마을을 가가호호 방문하고 축복하며 복음을 전했다. 예쁜 마뿌체 인디오 소녀는 말을 탄 자리에서 우리 일행을 반겼다.

마뿌체
담임 목사님의 유언

내가 "마르틴 목사님은 목사가 되기 전에 성령의 콜링, 소명을 언제 받으셨습니까?" 하고 질문했는데, 참으로 놀라운 답변을 들었다. "담임 목사님이 천국 가기 전에 나에게 유언을 남겼다. 내가 죽거든 네가 목회자가 되라. 목회자의 명령에 순복한 것이다."

목사도 양 떼와 소 떼를 친다. 그리고 주일에는 모두 모여 예배를 드린다. 이들의 교회는 보수적인 교회로 여자들은 꼭 치마를 입고 교회에 온다.

김 선교사 옆에 앉은 분이 5천 년 넘은 조개화석을 나에게 선물한 마르틴 목사님이고, 임 선교사 옆에 앉은 분이 목사님 사모님이다.

아르헨티나 북쪽 토착민
키츄아 마을 선교

임마누엘교회를 개척해서 선교하면서 보니 교인들이 산티아고 델 에스테로에 많이 분포하고 있었다. 임마누엘 교회에서 1,200킬로미터나 떨어진 먼 곳이다. 라울 집사님의 고향이다. 라울의 어머니가 91세로 병들어 눕자, 몽고메리 교회는 10여 년을 단기선교로 임마누엘교회 단기선교 팀과 함께 한 팀을 이루어 복음을 선포하고, 구제하며 선교 사역을 시너지의 불꽃이 일어나도록 도왔다.

이곳은 La Roria(라 로리아) 마을이다. 추장의 집을 사용하여 광야 동서남북에서 몰려오는 아이들과 청소년, 그리고 어른들에게 복음을 전했다.

🌱 아르헨티나
임마누엘교회의 임팩트

아르헨티나에 7,000명의 건강한 목회자들, 건강한 리더들, 기도자를 일으키고, 섬기는 선교전략 사역으로 3,100명의 졸업생을 배출하였다. 2019년도 이 사역은 계속 진행되었다.

🌱 선교 재생산
   현장 이야기

　임마누엘교회가 선교교회로 건강하게 성상하여 제2의 선교사역 '재생산' 미션 사역을 네 가지로 펼치고 있다.

　첫째, 임마누엘교회 주변 지역 선교이다. 교회의 이웃인 동서남북으로 25만의 영혼 구원을 위해 미션 행동반경 약 3킬로미터를 집중선교하는 전략이다.

　둘째, 목회자훈련센터이다. 아르헨티나 목회자들을 대상으로 하는 사역이다. 신학교를 졸업하지 않은 목회자들을 속성으로 집중교육하는 동원선교 사역이다.

　셋째, 선교사가 세운 개척교회가 또한 선교하는 교회가 되는 것이다. 아르헨티나 남쪽 안데스 산맥 기슭에 사는 10만 토착민 마뿌체 종족을 선교하는 선교 전략이다. 그리고 볼리비아 방향으로 북쪽에서 거주하는 키츄아 종족 선교이다.

　넷째, 지금도 계속되는 선교사역으로 '세계기도자학교'이다. 아르헨티나에서부터 북미까지, 라틴아메리카 인구 약 4억 5천을 향한다(스페인 포함).

　불꽃의 시작은 아르헨티나에 7,000명의 기도자를 일으켜 세우는 '세계기도자학교 영성 무브먼트'로 해서 남미대륙의 우루과이로, 칠레로, 그리고 중미의 콜롬비아, 베네수엘라, 과테말라, 파나마, 엘살바도르, 니카라과, 북미 멕시코와 더 나아가 북미의 동부, 서부에서 거주하는 히스패닉(라틴아메리카) 5,400만 명들에게로 향하는 선교의 새 지평을 여는 전략전술 사역이다.

　선교의 첫 번째 콘셉트(first concept)로, 처음에는 처치 플랜팅(church planting) 미션으로, 온갖 고생을 다하며 사명을 감당한 역사들을 기록하고자 한다. 그리고 선교지 필드 야전기지, 성령의 역사가 일어나는 교회로서 기이한 이적들과 희한한 일들을 통하여 주 예수님의 교회를 세워 가시는 하나님의 큰 손의 기적(남미 아르헨티나의 전설의 고향 같은 미션의 미스터리 현장 이야기)과 영적으로 안데스 산맥의 불길이 퍼져서 중미와 북미 멕시코까지 번져 가는 선교 임팩트를 기록하고자 한다.

나는 남미 아르헨티나에 아메리카 북·중·남미를 섬기라고 보내진 미션 서포터(supporter)이다. 원주민, 현지인 목회자들의 친구이며, 섬기는 주님의 종이다. 가르치는 자가 아니다. 오히려 배우며, 철저히 섬기는 자이다. 남미 지역에는 신학교를 제대로 졸업하지 않은 분들이 많이 있다. 그러므로 목회자 재훈련에서 조직신학, 교회론, 기독론, 성령론, 선교학 등 신·구약성경 전체가 이해되도록 강의하는 것도 섬기는 사역이다. 예수님의 섬기는 본을 따라, 예수정신으로 펼치는 미션이다.

이곳 선교의 전략 핵심 키워드를 한마디로 말하면, 케리그마 말씀이 절실히 필요한 원주민, 현지인 교회 목회자들과 교회들에게 성경을 제대로 이해하게 하여 신비주의, 귀신주의가 아닌 성경적 기도 원리와 치유 원리, 교회 성장 원리, 선교 원리를 알게 하는 것이다.

구약과 신약 성경은 미션 필드 현장에서 어둠을 빛으로, 병듦을 건강함으로, 연약함을 강함으로, 실패를 승리로, 저주를 축복으로, 죽음을 생명으로 일으키는 톡톡 튀는 살아 있는 굿 뉴스 핵심 키워드이다. 선교지 안팎에서 역사하시는 예수님이 동행하는 성령으로 역사하는 복음의 역사, 생명을 살리는 기적의 역사, 섬김으로 가르치는 미션 스토리텔링이다. 그 증거는 마가복음 16장 17-18절 말씀이 대변한다.

"믿는 자들에게는 이런 표적이 따르리니 곧 저희가 내 이름으로 귀신을 쫓아내며 새 방언을 말하며 뱀을 집으며 무슨 독을 마실지라도 해를 받지 아니하며 병든 사람에게 손을 얹은즉 나으리라 하시더라"(막 16:17-18).

한국으로 말하면 하나님의 은혜의 다이내믹하고 카리스마틱한 스토리요, 이성으로 이해가 불가능한 전설의 고향 같은 이야기이다.

우리 가정의 선교로, 이 작은 불씨가 불붙어 일어난 주된 미션 사역은 1999년 10월 30일에 450만 명의 시민이 사는 도시 La Matanza에서 임마누엘(EMANUEL)교회를 개척하여 일으켜 세우고, 어린이 선교사역으로 시작하여, 교회가 건강하게 기초 부흥을 일으키고, 문화사역, 축구사역, 문서선교, 축호선교, 여름과 겨울 계절 성경학교, 노인초청잔치로 지역선교 전략을 펼친 것이다.

선교의 두 번째 콘셉트(second concept)로, 개척한 임마누엘교회가 부흥되어 재생산 선교사역 차원으로 교회 밖을 향해 교인들을 동원하여 아르헨티나 안데스 산맥 칠레 국경선 근교 남쪽에 사는 마뿌체 인디오(원주민 인디언) 부족 선교와, 북쪽 볼리비아 방향으로 산티아고 델 에스테로에 오직 하늘에서 비 오기만 바라보는, 식수가 없고 전기가 없는 마을이 많은 광야 정글에 사는 키츄아 인디오 종족들의 구원을 위해 13년 동안 선교했다.

선교의 세 번째 콘셉트(third concept)로, 나의 이름 기선의 뜻과 같이, 기도의 선지자란 별명처럼 라틴 세계기도자학교 선교사역으로 아르헨티나와 라틴아메리카 선교지 필드의 원주민 교회들을 건강하게 해주고, 모든 리더들을 건강한 영성으로 일으키며, 모든 현지인 목회자들의 사역에 도전을 주어 살아 움직이는 교회, 선교하는 사도행전적 교회, 야성이 살아 움직이는 교회가 되도록 하고 있다.

'남미의 유럽 파리'라는 별명을 지닌 생소한 이 나라 아르헨티나의 선교사역 현장을 띄우고자 한다. 아르헨티나는 면적이 한국의 약 28배가 되는 나라이다. 이 남미대륙에서 펼쳐지는 대박 선교를 접속해서 알리고자 한다.

  선교지에서 선교사가 먼저 성령으로 말미암아 야성이 살아야 정글의 왕 사자처럼 사자후를 발하여 으르렁대고, 야전기지 어둠의 검은 정글에 우글거리는 악령들을 몰아내며, 구령의 열정으로 생명을 구원할 수 있다. 성령의 불 같은 구령의 열정은 선교사로 하여금 깡으로 살게 한다. 어찌하든 복음과 축복의 주인공인 선교사가 살아남아야 원주민들을 살리든지, 치료하든지, 삶의 변화를 일으키든지, 삶에 힐링을 줄 수 있다.

  선교사는 선교지 필드에서 선교사역을 하는 중에 무수한 사건들을 겪는다. 특히 개척교회를 이끄는 중에 제일 많은 영적 미스터리들을 경험하게 된다. 그리고 지금도 계속되는 라틴아메리카 20개국 약 7억(스페인 포함)을 향한 라틴 세계기도자학교사역(Escuela mundial de oracion en Latino America)과 목회자 훈련사역과 오지 인디오(원주민 인디언: 남쪽 안데스 산맥 칠레 국경 가까이 거주하는 마뿌체 종족, 북쪽 키츄아 종족) 선교사역 등 다양한 사역들을 수록하고자 한다.

  이 책을 보는 이들로 하여금 선교사의 애환과 환희, 성취되는 영광스러운 즐거움, 감탄과 감격, 영성에서 흐르는 생수의 능력의 강물로 빠져 들어가서, 선교사역의 인사이트를 통하여 함께 느끼고 함께 감동하는 시간이 되기를 바란다. 구령의 열정으로 한 도시를 울리고, 한 나라를 울리고, 나팔을 불어 미국과 캐나다 북미와 중남미 대륙을 울리는 한 사람 김 선교사의 사역을 통해 흘러나오는 기쁨과 용솟음치는 폭발력으로 다이내믹한 희열과 감격을 드리고자 한다.

  선교사역은 크게 둘로 나누어서, 가는 선교사와 보내는 선교사가 있다. 이 책이 하나님의 성령의 불 같은 역사하심으로 은혜의 감동과 심금을 울리는 팩트와 임팩트가 살아 있는 대박 선교 책이 되어서 하나님께 영광이 되고, 보내는 선교사들의 마음을 움직일 수 있기를 원한다. 선교지의 미션 스토리텔링으로 인해 보내는 선교사 즉 선교를 위해 기도하고 사랑으로 후원하는 모든 이들과 독자들에게 감동이 되기를 바란다.

천지의 법칙(렘 33:25)은 하나님이 정하셨고, 천지는 그 법칙대로 흘러간다. 그러므로 우리 눈에 보이는 자연에는 자연법칙이 있고, 보이지 않는 영적 세계에는 영적 법칙이 있다. 양 떼를 돌보는 목양이나 목회에도 목양 법칙이 있듯이 선교사역에도 미션의 법칙이 있다. 성령의 은혜의 법칙을 활짝 펴면 성령의 앞서 행하심과 성령으로 충만한 선교사의 필드에서 딛는 능력의 거룩한 발걸음이 선교사역의 열매를 결정한다.

사도행전이 교회의 시작이라고 한다면, 선교는 타 문화권 즉 문화가 다르고 언어가 다르고 인종이 다른 민족에게 복음의 나팔을 불고 그들을 모아 방주에 태우고 구원하는, 성령으로 시작하는 지상명령 사역이다. 오직 성령사역이 선교사역이다. 그러므로 선교는 전쟁이다. 목회도 전쟁이다. 선교의 키워드는 기도이다. 그러므로 기도는 전투요, 영적 전쟁이다. 살아남느냐, 죽느냐의 전쟁이고 주님의 양들을 사자들의 입에서 구출하느냐, 그냥 방치해 두느냐의 전쟁이다. 오직 전쟁의 승패는 전쟁에 능하신 전능하신 성령의 역사하심에 달려 있다.

불같은 남미 선교 폭발, 중미와 북미 선교 폭발, 라틴아메리카 20개 나라의 선교 폭발이 세계선교에 기여한다. 미션 필드에서도 성령이 임하면 권능을 받고 두나미스의 파워풀한 역동적인 능력, 다이내믹한 선교사역으로 성령의 불길이 온 중남미와 북미와 라틴아메리카 20개 나라에 번져서 성령행전이 성령행진이 된다.

나는 중남미 선교 미션 사역, 남아메리카 아르헨티나에서 멕시코와 북아메리카 미국(히스패닉 인구 약 5,400만)과 캐나다까지, 그리고 유럽 스페인까지 펼쳐지는 라틴아메리카 20개 나라를 향한 World Prayer

School(세계기도자학교) 선교 미션으로, 엄청난 시너지 임팩트로 사도행전 29장을 북미, 중남미 필드에서 써 내려가고 있는 중이다. 중남미 선교의 베이스캠프인 아르헨티나에서 라틴아메리카, 북미까지 선교 구원의 방주가 출항하였다.

남미 아르헨티나에서 일어난 임마누엘교회는 아르헨티나, 남미의 "한 영혼은 온 천하다"(막 8:36 - "사람이 만일 온 천하를 얻고도 자기 목숨을 잃으면 무엇이 유익하리요")라는 핵심적인 말씀의 케리그마를 계속 선포한다. 호메로스는 "생명은 황금으로도 살 수 없다"라고 말했다. 온 천하보다도 더 귀한 것이 사람의 생명이다.

예수님은 생명이 천하보다 더 소중하다고 하셨다(마 16:26 - "사람이 만일 온 천하를 얻고도 제 목숨을 잃으면 무엇이 유익하리요 사람이 무엇을 주고 제 목숨을 바꾸겠느냐"). 온 천하를 주고도 바꿀 수 없을 만큼 귀한 존재라는 말씀이다. 이 세상의 모든 물건은 값으로 가치를 매길 수 있지만, 한 영혼은 가격을 매길 수 없다. 선교는 한 영혼을 구원하는 이렇게 소중한 미션이다. 선교는 마귀의 입에 물려 있는 죽어 가는 주의 양, 즉 한 영혼을 찾는 영적인 전쟁이다. 한 영혼은 그 가치가 천하와 같다.

시너지 선교 재생산

임마누엘교회는 성장하여 선교하는 교회로 미션 행진을 하고 있다.

필자는 1996년 11월 개명교회에서 1호 선교사로 남미 아르헨티나에 파송되어 20년 동안 선교사역으로 많은 중남미 사람들에게 복음을 증거하고, 개척선교 플랜팅 처치 선교사역으로 450만 도시에 복음으로 임마누엘교회를 세워 아르헨티나에 건강한 토착교회로 키웠다. 그리고 재생산사역으로 광야 오지의 인디언 종족들을 구원하고, 바울 목회자 재훈련으로 선교지 필드의 영성을 건강하게 하는 프로젝트로 많은 열매를 맺었다. 이제는 라틴아메리카를 하나로 하는 공유시스템 가동 시너지 네트워크 프로섹트 선교사역인 라틴아메리카 20개국 4억 5천만을 향한 야심찬 사역 L.A.C.45.M선교회를 출범하여 21세기 세계 선교의 교두보 역할을 할 수 있는 임팩트의 역량을 발휘하는 '라틴 세계기도자학교'로 영적 전쟁(핵잠수함 선교 전략·전술)을 펼칠 수 있도록 하고 있다.

이와 같은 파워풀한 불같은 성령의 역사와 아르헨티나 원주민 교회를 태동케 하고 20개국 중남미를 복음으로 구원하는 방주 역할을 이뤄낸 원동력은, 어머니 교회인 개명교회와 모든 후원 교회들의 생명 살리는 선교의 사랑과 물적 후원과 불같은 기도의 후원으로 가능했다고 하겠다.

기적의 손

백혈병에 걸린 일란성 쌍둥이 자녀를 둔 성도가 병든 소년 마르틴과 함께 교회에 등록했다. 수요예배를 마친 뒤 이 환자의 머리에 안수하며 기도하는데 성령의 음성이 세미하게 들렸다. "나았다, 나았다." 그래서 즉시 성도들에게 선포했다. "주님이 치료하셨습니다. 이 아이를 위해 우리 기도합시다." 아멘!! 그런데 그다음 주에 아이가 교회에 출석했는데 더 아프다는 것이었다. 그래서 주님이 치료하셨다고 했으니 계속 기도하라고 모든 성도들에게 부탁하였다. 그리고 2개월이 지난 후 주일예배 후에 안수기도를 했다. 성령의 큰 감동이 임하셨다.

수요일에 이 아이의 엄마가 춤을 추며 환호하며 교회에 들어오면서

"목사님, 엘리야 킴 목사님! 우리 아들이 다 나았어요. 하나도 안 아프고, 힘이 난대요. 아멘!" 하고 외쳤다. 나는 아이의 엄마에게 내일 병원에 가서 확인하고 나왔다는 건강 진단서를 떼어 오라고 했다. 병원에 갔더니 백혈구 수치가 정상으로 돌아왔다면서, "어떻게 이런 일이!"라고 하며 의사가 기적이라고 말했다고 했다. 그래서 이 엄마는 우리 교회에서 목사님의 기도로 고쳤다고 나팔을 불고 다닌다는 것이다. 이 치유의 빅뉴스는 교회에서 모든 성도들에게 기쁨의 축제와 교회 부흥의 불길이 되었다.

주님의 치유의 손이 임하는 임마누엘교회는 선교에 더 강력하고 막강한 에너지를 더하였다. 치유의 기적은 성경적이다. 희한한 일은 이미 성경에도 나타났다.

"하나님이 바울의 손으로 희한한 능력을 행하게 하시니 심지어 사람들이 바울의 몸에서 손수건이나 앞치마를 가져다가 병든 사람에게 얹으면 그 병이 떠나고 악귀도 나가더라"(행 19:11-12).

이곳 선교 필드에서는 이런 기적의 역사가 수없이 많이 나타난다. 악령이 소리치며 나가고, 정신병자가 고침을 받고, 암이 치료되고, 마약 환자가 말씀으로 치유된다. 성경에서 사도행전은 성령행전이다. 성령이 임하고 권능이 임하고 120문도가 3,000명을 구원하였다. 5,000명이 주께로 돌아왔다. 성령행전의 대박이다. 교회의 대박이다.

21세기 선교는 대박이다. 성령행전의 대박, 선교지 필드의 대박!

"주의 손이 그들과 함께하시매 수다한 사람이 믿고 주께 돌아오더라"(행 11:21).

대박이 아니면 쪽박의 선교를 마무리하게 된다. 우리 교회에 청소년 하나가 귀신이 들어 팔뚝 욕을 하며 주일학교 선교를 방해하더니 예수의 이름으로 치유 받고 주일학교 선생이 되었다. 마약을 먹으면서 교회에 나오던 청년, 재활치료 하던 청년도 새사람이 된다. 그러므로 선교지 필드의 선교 목회는 전투 목회 그 자체이다. 성령행전의 선교 목회이다.

선교는 영적 전쟁이다

선교지 필드의 선교사역은 3대 전쟁 안에 들어 있다. 선교는 전쟁이다. 목회는 전쟁이다. 기도는 전쟁이다. 그렇다. 온 세상 주님의 지상교회는 전투하는 전투교회이다. 하늘의 천상교회, 즉 천상교회는 승리한 승리교회이다. 3대 전쟁의 승리는 바로 주님의 지상명령을 열매 맺는 전투 선교사의 선교사역이다. 주님은 내가 한국에서 선교를 준비할 때에 미리 임하셔서 전투복(UDT, 전투특수군복)을 입히셨다. 그리고 군모를 씌워 주셨다. 영적 전쟁이든, 육적 지상전투이든, 공중전이든, 우주전이든 전쟁은 하나님께 속한 것이다.

"여호와의 구원하심이 칼과 창에 있지 아니함을 이 무리에게 알게 하리라 전쟁은 여호와께 속한 것인즉 그가 너희를 우리 손에 붙이시리라"(삼상 17:47).

"야하시엘이 가로되 온 유다와 예루살렘 거민과 여호사밧 왕이여 들을지어다 여호와께서 너희에게 말씀하시기를 이 큰 무리로 말미암아 두려워

하거나 놀라지 말라 이 전쟁은 너희에게 속한 것이 아니요 하나님께 속한 것이니라"(대하 20:15).

성경의 증거는 확실하다. 선교사역은 영적 전쟁의 총사령관이 성령님이시기 때문에 성령님만 따라 살면 승승장구한다.

기도는 영적전쟁을 승리로 열매 맺는 임팩트이다. 전쟁에서 이기려면 전략과 전술이 분명해야 한다. 선교목회는 전쟁의 승리이며, 대박 선교이다.

주님의 손을 만져라

타락과 죄악의 흑암 속에서 통곡하는 타 문화권 영혼들을 찬란한 빛 가운데로 이끌어 내는 새 생명 축제의 '대박 선교'를 선포한다.

선교지 필드에서의 고된 미션 활동으로 지쳐서 번아웃되어 유체 이탈, 영혼 이탈(임사 체험)로 죽었던 나에게 주님이 손을 보내 주셔서, 주님의 긴급명령으로 내 두 손으로 주님의 십자가에 못 박힌 손을 붙잡을 때에 죽어 가던 몸이 살아나고, 처절한 절규의 아픔과 죽음의 고통에서 완전히 치유받고 나의 몸은 완전히 회복되었다.

나는 안데스 산맥에 거주하는 아르헨티나의 토착민 마뿌체 인디오들을 선교했다. 임마누엘교회 성도들과 함께 교회를 출발하여 안데스 산맥 칠레 국경 가까이서 선교사역을 하고 15일 만에 교회로 돌아왔다. 나 혼자서 4,320킬로미터를 운전했다. 피로에 지치고 몸이 아파오는 조짐에도 불구하고 쉬지 않고 풀가동한 결과, 죽음과 같은 순간을 맞았다.

내 영혼이 공중으로 고무풍선처럼 떠올라 위에서 나의 육체를 내려다보고 있었다. 순간 나의 영혼은 빛 가운데 있었다. 엄청난 평안을 느꼈다. 순간 살아온 지난 모든 일들이 비디오를 보는 것처럼 지나갔다. 아내에게 "나 좀 살려줘"라고 소리를 쳤는데도 듣지를 못했다. 내가 아내의 손을 잡으려고 발버둥을 쳐도 내 손은 결코 움직이질 않았다. 순간 내가 죽었다는 사실을 알았다. 그때 건넛방에 잠자고 있는 딸 평화를 생각하고, 내 곁에 잠이 든 아내를 생각하며, "누가 저 딸을 시집보내며, 누가 내 아내를 돕습니까?" 하고 영혼이 기도하기 시작했다. 딸의 미래와 아내를 향한 걱정 어린 기도였다.

이후에 이 손으로 복음을 전하고, 악령 귀신 든 자를 자유케 하고, 병든 자를 고치고, 다음 세대를 일으키는 선교가 계속되었다. 주님의 이 손은 지금도 항상 나와 함께하신다.

손가락 끝으로 터치하면 하늘을 날게 되는 ET의 손은 기적을 일으킨다는 공상과학 영화가 떠오른다. 엄청난 능력이 내게 임하고 다가온다. 주님의 손을 만진 이 손으로 만지는 곳마다 역사가 나타났다. 다메섹 도상에서 해보다 더 밝은 빛이 임하여 핍박자, 박해자, 악독한 자, 살인면허증을 받은 자였던 사울 청년이 주 예수님의 십자가와 부활의 복음에 완전히 사로잡혀 인간 개조가 되어 바울이 되었다.

나는 기도로 성령으로 주님의 손을 만지고, 그리고 나를 만나는 모든 사람들을 내 손을 사용하여 주님의 손으로 만져 준다. 대박 선교가 일어난 것이다(행 11:21 - "주의 손이 그들과 함께하시매 수많은 사람들이 믿고 주께 돌아오더라").

말씀 그대로 이루어졌다. 말씀 그대로 선교가 확장되고 열매가 맺혔다. 인적 네트워크가 확장되고, 아르헨티나 현지인 핵심 목회자들을 만나게 되고, 중남미의 목회자들을 만나는 축복을 받았다. 모두 주님의 손이 함께함으로 나타난 증거이다.

❦ 김기선 선교사 가정의 선교사역 현황

▶ 주 선교사역 소개

1. 임마누엘 개척교회 주일학교 어린이사역

2. 청소년사역(축구팀 운영)

3. C.E.M.A(Centro Evangelico Misionero Argentina) 선교센터사역, 문화사역(청소년, 불우이웃, 노인 초청), 구제사역

4. 제4세계권 라틴 몽골리안(인디오) 선교사역

개척된 임마누엘교회 사역으로 현지인을 평신도 선교사로 동원하여 인디오 부족을 구원하는 선교사역, 즉 선교현장의 인적 자원과 물적 자원을 재생산 사역으로 동원하는 선교동원사역이다.

남쪽으로는 안데스 산맥 아래 산속이나 강가, 호숫가에 양 떼를 치며 살고 있는 마뿌체 종족(꼬빠우에)을 대상으로 한 사역이다. 이들을 구원하기 위해 아르헨티나 원주민 단기선교팀을 만들고 동원하여 남쪽과 북쪽의 선교사역 대박을 터뜨리고 있다.

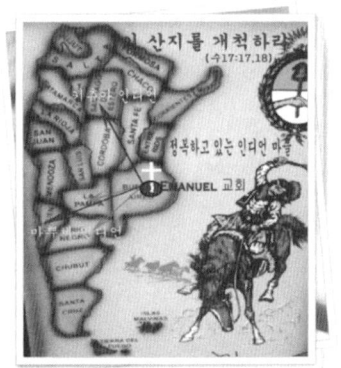

1) 파타고니아(Patagonia) 마뿌체(Mapuche) 종족 토착민 선교사역

2) 키츄아(Quechua) 종족 토착민 선교사역

❦ MK 미션공주

우리 가정에는 외동딸이 하나 있다. 이름이 평화인데, 스페인어로 평화를 Paz(빠스)라고 한다. 아르헨티나에서는 이름을 바꾸어 불러야 한다. 그래서 '빠스'라고 부르자고 아빠가 권하니 "안 해, 싫어"라고 했다. 아이들이 빤스라고 놀릴 것이라며 안 된다고 했다. 그래서 이름을 고민하고 있는 중에 아르헨티나를 방문하신 김의환 박사님(전 총신대학교 총장)과 우리 가정이 만났다. 이때 총장님이 "평화의 이름을 글로리아라고 하면 되겠네!" 하셨고, 여덟 살 평화는 그 이름을 좋아했다. 그래서 이름이 Gloria Kim(글로리아 킴)이 되었다.

'하늘에는 별들이 있고, 땅 위에는 꽃들이 있고, 우리 가정에는 평화와 영광이 있다'고 파이팅 브라보를 한다. 아빠가 힘들어하면 고스란히 딸에게 어려움이 온다. 권총 든 세 명의 강도가 차를 강탈할 때에 놀라서 길바닥에 힘없이 주저앉은 엄마 임 선교사에게 "괜찮아, 총 안 맞았잖아. 주님이 우리를 지켜 줬어~" 하며 위로하는 딸이다.

평화는 보기보다 명랑하고, 활달하고, 담대했다. 초등학교에서 아이들이 외국인이라고 놀리고 왕따를 시키면, 오히려 왕따시킨 친구를 역으로 왕따를 시켰다. 초등학생 때는 학교 두 곳을 다니며 공부했다. 하나는 정식 초등학교이고, 또 하나는 피아노 음악학교였다. 그래서 아르헨티나 부에노스

음악대학(피아노, 기악)에 입학하고, 졸업했다. 이후에 음악교수 시험에 응시하여 합격하고 음대 교수가 되었다.

하나님은 미션 공주로 아빠를 도와 키보드를 쳐주고, 선교 찬양팀을 이끌고, 어린이 교사로 선교사역을 서포트하는 MK, 선교하는 꼬맹이 글로리아 킴을 엄청나게 축복하셨다.

지금은 Daniel Kim과 결혼하여 믿음의 가정을 이루고, 전문인 평신도 선교사로서 힘을 다하여 선교 마인드를 가지고 '비바 라틴아메리카 L.A.C.45.M선교회' 총무(Secretaria)로 사명을 잘 감당하고 있다.

❦ 얼음공주들 깨우는 미션 공주

선교사역의 아름다운 꽃은 어린이 선교사역이다. 천사와 같은 원주민 어린아이들을 어둠의 죄악에서 구원하는 선교는 나의 선교를 꽃피운 핵심적 사역이다. 예수님을 만난 광야의 어린이들은 차디찬 얼음에서 깨어난 공주들 같다. 남미 선교의 특징으로 찬양을 통하여 은혜를 많이 받는다. 설교를 40분 정도 한다면 찬양은 한 시간 이상 한다. 남미 아르헨티나 사람들은 찬양을 최고로 좋아한다. 찬양으로 이미 마음이 70% 옥토 밭으로 변한다. 설교는 30%만 채우면 되는 것 같은 영적인 느낌이다.

미션 공주 글로리아 킴(Gloria Kim)은 음악에 소질이 있어서인지 절대음감을 가지고 있다. 광야에서 악보 없이 무슨 곡이든 찬양을 하면 키보드로 반주를 한다. 그러니 선교사역이 너무 쉽다. 찬양이 받쳐 주지 않으면 너무너무 힘이 든다. 전기가 없는 광야 정글 마을에서 선교사역으로 동원되는 수백 명의 어린이들을 찬양으로 감동시킨다. 그리고 성경공부로 제자화하고, 재미있는 게임으로 엄청나게 열광시킨다.

토착민 광야 마을에는 어린이들이 왜 그렇게 많은가? 그들은 한 가정에 보통 6-10명의 자녀들이 있다. 남미는 산아제한을 안 한다. 광야 선교사역을 마치고 임마누엘교회로 돌아올 때면 광야의 원주민 어린아이들이 헤어지기 싫어서 눈물까지 흘린다. 어린이 선교사역을 도맡아서 선교를 돕는 김평화, 곧 글로리아 킴을 미션 공주라고 불러 본다. 왜냐하면 내 딸이지만, 엄연히 말하면 글로리아 킴은 하나님의 딸이요, 주님의 공주이니까.

광야에서 만나는 어린이들의 눈망울은 천사들의 눈과 같다. 얼마나 맑고 깨끗한지, 하늘의 영롱한 별들의 광채와 같다. 이 아이들의 맑고 밝은 천사 같은 눈들을 보고 싶어서 선교 오신다는 분들이 많다. 나도 그렇다. 죄악으로 찌든 징그러운 욕심과 탐욕과 정욕의 눈들과는 전혀 다르다.

어린 8세 때부터 아빠 엄마를 따라다니며 선교를 돕는 '미션 공주'는 어느덧 30세가 넘어 지금은 아르헨티나 현지인 학생들을 가르치는 음악학교 교수가 되고, 축복의 결혼도 하고, 이제는 전문인 평신도 선교사로 '비바 라틴아메리카 선교회'(L.A.C.45.M) 총무로 선교 활동을 하고 있다.

하나님은 미션 필드에서 선교사역을 돕는 MK 현장 선교사 자녀들을 축복하신다. 반드시 잘된다. 나는 주님이 엄청나게 글로리아 킴을 축복하시는 것을 목격한 산 증거자이다. 세상에는 이런 말이 있다. "공짜는 없다." 하나님은 반드시 MK들을 책임지신다. 미션 필드의 잠자는 얼음공주들을 깨우는 미션 공주를 소개해 드렸다. 할렐루야!!!

🌱 미션 필드의 어머니
'기도 선교사'(손선녀 권사)

나는 어머니이신 손선녀 권사님을 닮았다. 어머니이기 때문이지만 영성도 좀 닮았다. 어느 날 아들이 선교사로 콜링을 받았다고 하니 눈물을 흘리며 기뻐하면서도 한편으로는 마음에 걱정도 하셨다. 나는 어머니의 살아생전에 신앙간증을 들었을 때에 목사로서 너무 놀랐다. 와~! 21세기의 기적이다.

우리 어머니는 충청북도 단양군 영춘면, 아주 시골 하고도 동서남북 산으로 둘려 있는 산촌에서 살았다. 일요일, 수요일, 금요일 교회를 출석하려면 5킬로미터를 걸어서 가야 한다. 왕복 10킬로미터이다. 어느 날 손자와 손녀가 이 시골집에 와 있었다. 그런데도 어머니는 금요일 철야예배를 참석했다. 밤에 달빛이 있을 줄 알았다. 그런데 이날은 먹장구름이 하늘에 가득하여 칠흑 같은 어둠이었다. 손전등도 없고, 불을 밝힐 아무것도 없고, 너무 난감했단다.

'집에 있는 손자와 손녀가 잠을 깨면 무서워할 것인데, 5킬로미터를 불도 없이 어떻게 하지?' 난감해하며 "예수님, 저 집에 가야만 해요. 도와주세요!" 하고 주님께 기도를 했단다. 아주 간절하게 기도를 했단다. 바로 그때 하늘이 열리는 기적이 나타났다. 갑자기 하늘이 열리더니 하늘에서부터 하늘 조명이 어머니 권사님의 발 앞을 비춰 준 것이다. 이 빛을 따라서 5킬로미터를 걸어서 집까지 무사히 왔단다. 집에 도착해서 "주님, 잘 왔습니다" 하며 감사기도를 드리는 중에 하늘에 있던 조명은 이미 사라지고 없었단다. 환상이나 꿈을 꾸는 것같이 빛을 따라 5킬로미터를 걸었단다.

이 기적의 하늘 천국 라이트 사건 이후로 어머니의 믿음은 더 강성해졌다. 섬기는 교회에서 전도 대장이었다.

손 권사님의 아들인 나는 이 역사적인 어머니의 산 간증을 들었을 때에 '나는 주님의 사역자인데 왜 이런 능력이 없지?' 하며, 좀 부끄러웠다. 미션 이후엔 더 큰 간증이 생긴다. 손 권사님은 아르헨티나 선교지를 방문하여 아들 선교사와 약 1년 6개월 동안 함께 살았다. 그러면서 열정적으로 선교사역을 위해 기도해 주었다.

1,300킬로미터 떨어진 광야 마을 토착민 키츄아 선교를 갈 때도 동행했다. 손 권사님은 기도 선교사로 미션 광야 정글에 투입되어 아들과 함께 선교를 했다.

☙ 천국 가기 전 아들 집 방문한 손 권사님의 기적

아르헨티나는 시차가 한국과 정확하게 12시간이므로 밤, 낮의 차이이다. 한국이 낮 12시이면 아르헨티나는 밤 12시이다. 계절도 완전 반대이다. 한국이 봄이면 아르헨티나는 가을이다. 아르헨티나가 겨울이면 한국은 여름이다.

나에게 미션 필드에서 가장 큰 애로사항 중 하나가, 고국에서 부모님이 소천하셔도 못 간다는 것이다. 장인어른이 소천하셨을 때도 한국에 역시 못 갔다. 우리 어머니 손 권사님이 천국에 부름 받을 때도 역시 못 갔다. 왜냐하면 남미 아르헨티나에서 부고 소식을 듣고 급하게 항공표를 사도 한국 시간이 12시간 빠르기 때문에 장례식이 끝난 4일 후에나 도착하기 때문이다. 지리적 관계상 어쩔 수 없이 '세상적으로는 불효막심한 자식'이다.

손 권사님이 미리 알고 천국 가시는 길에 우리 집을 들러서 가셨다. 한국에서 동생이 전화를 했다. "어머니가 위독해요." 그래서 전화로 임종기도를 드렸다. 내용은 이랬다.

"어머니! 걱정 마세요. 내일 아침 눈을 뜨면 아픔도 없고 고통도 없는 영원한 천국입니다. 제가 임사 체험을 했잖아요. 죽었다가 살았잖아요. 어머니, 너무 평안해요. 지금 아들 따라서 기도하세요. '주님, 제 영혼을 주님께 맡깁니다. 주님, 이 마지막도 영광 받아 주세요. 예수님의 이름으로 기도드립니다. 아멘!'" 어머니는 즉시 아멘 했다.

전화를 끊은 후에 얼마 지나지 않아서 동생이 울면서 또다시 전화를 했다. "어머니가 소천하셨어요."

선교지 필드의 우리 가정은 즉시로 모여 앉아서 예배를 드렸다. 기도를 드리는 중에 갑자기 어머니의 형상이 선명하게 우리 앞에 나타났다. 나는 놀라서 "어머니!!!"라고 불렀고 동시에 아내 임성옥 선교사도 "어머님!!!" 하고 불렀다. 어머니의 모습을 함께 본 것이다. 웃으면서 손을 흔들고 계셨다가 어머니의 모습은 순간 사라졌다. 어머니는 우리 가정에 위로를 주고 가신 기도 선교사요, 위로 선교사이셨다. 지금도 그 모습이 생생하게 떠오른다.

미션 필드의 임종예배는 감격의 눈물로, 기쁨의 눈물로, 감사의 눈물로 드려졌다. 지금도 우리와 함께하시는 성령님, 주님께 감사를 드립니다.

두 번의 큰 교통사고를 이긴 임성옥 선교사

선교사의 생명은 주님이 책임지신다고 나는 믿는다. 선교지 필드의 교통사고는 사역의 어려움으로 직결된다. 원주민 교회 예배를 마치고 집으로 돌아오는 길에 신호 대기 중에 정차된 우리 차를 뒤편에서 덤프트럭(수도회사 차량)이 밀어 버린 것이다. 이때 4중 추돌 사고가 났다. 차 안 뒷좌석에 있던 임 선교사가 목을 다쳐서 깁스를 했다. 딸 평화는 조수석에 앉아서 다친 곳이 없었다. 나는 그때 한국을 방문 중이었다.

이때에 교통사고 후유증으로 임 선교사가 전에는 없던 병이 생겼다. 피로하면 급성 어지럼증이 심하여 일어나지를 못한다. 1년에 한두 번씩 급성 어지럼증으로 고통을 당한다. 앰뷸런스를 불러서 병원에 실려 가는 도중에도 너무 힘들어 고통스러워한다.

여행 중에 공항에서 이런 급성 어지럼증이 시작하면 13시간씩 꼼짝없이 공항 로비에서 진정될 때까지 기다려야 한다. 한마디로 여행 중단 상태가 된다.

또 한 번의 큰 교통사고로 갈비뼈가 12대나 나갔다. 임 선교사 어머님(장모님)이 위독해서 문병차 한국 방문 중에 생긴 교통사고였다. 그 사고로 인하여 3개월 동안 부산 대동병원에서 치료받고 기적적으로 회복되어 살아 있는 것이다.

이때 김 선교사는 난감한 상황이었다. 간호를 위해 남편이나 딸이라도 한국에 급히 나가야 하는데 필드의 상황은 이랬다. 아르헨티나 토착민 광야 정글 선교를 준비하는 중에 이미 미국 필라델피아에서 단기선교 팀이 티케팅과 선교 준비가 완전히 끝난 상태였다. 그리고 파송 교회에서 박태양 담임 목사님이 선교지 필드를 방문하는 중이었다.

주님의 영광을 위하여 우리 가족은 아픔의 시간을 보냈다. 아내는 한국에서 병원 중환자실에 누워 있고, 남편과 딸은 선교 중에 있었다. 맡겨 놓을 사람이 없었다. 대체할 사람이 없었다. 이 난감한 상황에서 하나님은 특별히 아내 임 선교사를 치료하셨다. 이런 상황에서도 광야 선교사역에는 엄청난 하나님의 은혜를 소낙비처럼 부어 주셨다. 선교지 필드에서 우리 딸과 나는 눈물로 사역에 임하였고, 아내는 한국의 부산 대동병원에서 가족의 돌봄 없이 눈물로 치료를 받았다. 지금은 감사, 감사, 감사만이 있을 뿐이다. 하나님, 감사합니다.

정말로 교통사고 후유증이 무섭다. 이 급성 어지럼증은 임 선교사가 피곤하거나 몸에 이상이 있으면 찾아와서 괴롭힌다. 오직 주님의 영광을 위하여 살아야 한다.

보께론(Boqueron) 광야
정글 선교사역(전기가 없는 광야 마을)

북쪽으로는 키츄아 부족(아따미쓰키) 광야(부에노스에서 약 1,200킬로미터)가 있어서 메마르고 가난한 오지의 선교현장에 가장 절실한 3대 필요(영적 필요, 정신적 필요, 육체적 필요)를 분석하고 전략적으로 현재 키츄아 광야마을 8개 지역을 전략적으로 접근(점령)하는 중이다. 영적으로 초토화된 메마른 광야 땅에서 살아가는 약 25,000명의 키츄아인들의 영혼 구원을 위하여 사역하며, 현재는 현장의 목회자를 세워서(코디네이터) 개척교회를 세우고, 리더들로 하여금 스스로 세우도록 하는 재생산 사역을 하고 있다.

🌱 라 로리아(La Loria) 광야
정글 선교사역(전기가 없는 광야 마을)

라 로리아의 열악한 지역은 추장의 집을 통하여 선교했다. 광야 마을 사람들이 추장 집에 모여서 복음을 듣고 구원을 받고, 암이 치유가 되고, 악령들이 소리치며 나가는 기적의 역사가 나타났다.

팜파스 평야 지역 선교

아르헨티나에는 전 세계 최대의 팜파스 대초원 평야가 있다. 브라질에는 셀바스 평원이 있고, 미국에는 프레리가 있다. 젖과 꿀이 흐르는 땅과 같다. 아르헨티나는 인구 즉 사람 숫자보다 소 떼가 더 많다. 인구는 4,100만, 소들은 약 7,000만 마리이다. 그리고 꿀이 흐르는 나라이다. 설탕보다 꿀이 더 싸다? 정말로 꿀이 싼 나라이다. 이곳 팜파스에 복음을 들고 선교를 시작한다. 목회자들을 만나서 세미나를 이끌고, 예배를 통하여 주님을 영접하게 한다.

❤ 파타고니아 남쪽 마을 인디오 추장의 집에 성령의 불이 임하다

아르헨티나 남단 파타고니아 알루미네(Alumine) 지역을 방문할 때 추장의 집을 방문했다. 복음을 전하고 말씀을 증거하는데 갑자기 집주인 되시는 추장(까시께)에게 성령이 강하게 임하여 기쁨이 충만한 나머지 일어나 뛰기 시작했다. 그러더니 춤을 덩실덩실 추는 것이었다. 말씀을 중단하고, 성령님께 찬양을 드리기 시작했다. 그리고 기도로 들어갔다. 모인 가족들과 이웃들이 엄청나게 큰 은혜를 받았다. 그리고 성령님이 임한 가운데 은혜를 나누는데, 교회를 다른 곳에 세우는 것이 아니라, 이 집을 시작으로 해서 교회가 개척되어야 한다고 강조했다. 추장님과 가족들은 다 함께 "예!" 하고 대답을 했다. 바로 이곳이 주님의 교회다.

이 집이, 반석 위에 음부의 권세가 이기지 못하는 교회가 될 것이다. 결론을 내렸다. 가정교회로, 성령행전 교회로 출발하라. 예수님의 이름으로 안수기도로 모두를 축복하자 여기저기서 방언이 터지고, 놀라운 성령의 역사가 나타났다. 할렐루야! 아멘!

🌱 Loreto Remazo 선교사역

이 교회는 후원하는 몽고메리 장로교회에서 교회 성전 대문도 달아 주고, 성전 창문도 달아 주고, 성전 바닥 타일을 예쁘게 까는 공사도 지원을 해주었다. 협력하는 시너지 선교로 하나님께 영광을 돌렸다.

🌱 Loreto 공원 선교와 하나님의 교회

임마누엘 선교 팀이 선교를 하는 주간이면 원주민 교회는 우리에게 전적으로 모두 맡긴다. 예배와 기도 집회와 헌금까지도 우리 선교 팀에게 다 준다. 왕복으로 2,600킬로미터를 달려가야 하는 단기선교 팀의 선교여행 비용 중에 차량비(연료비)를 감당한다. 이렇게 선교 팀의 미션사역에 감격하고, 감사하고, 표현하는 원주민 교회이다.

☙ 광야교회 코디네이터
아꾸냐 교회

Carlos Acuña 목사는 색소폰을 불다가 소명을 받아서 목사가 되었다. 자녀는 세 딸과 아들이 있다. 11년 동안 나와 함께 개척하고, 광야교회를 헌신적으로 양육하고 있다. 그리고 베네수엘라의 국가 비상사태로 인하여 많은 베네솔라노들이 아르헨티나에 입국했는데, 교회를 오픈하여 베네수엘라 사람들을 돕고 있다. 그리고 더욱 감사하게도, 우리 가족을 자신들의 가족처럼 사랑하고 잘 섬긴다.

임마누엘 개척교회의 파워 미션

선교하는 야전기지 본부가 성령 충만해야 성령의 불길이 번져 간다. 베이스캠프가 깜깜하거나, 차갑거나, 미지근하거나, 시원치 않으면 영적으로 불통이요, 소통이 안 된다. 그래서 언제나 기도에 총력을 기울인다. 나는 하루에 5시간씩 기도한다. 그러면 다섯 손가락인 이 손 안에 나의 미션 필드가 다 들어온다. 선교는 불 같은 열정적인 '기도 선교'만이 영혼을 살리고, 고치고, 일으키는 살길이다. 벤치마킹은 언제나 성령행전인 사도행전이다.

성경적으로 그대로 따라하면 사는 길이다. 흥하고, 대박이 터지는 선교이다. 주님의 지상명령을 이루는 지름길이다.

광야 나비차 선교현장
(전기가 없는 광야 마을)

메마르고 광활한 가시밭길 땅에서도 양과 염소를 치고 닭을 기르며 살아가는 사람들이 있다. 전기도 없는 마을이다. 그래서 우리 임마누엘교회 선교 팀은 헤네라돌(발전기)을 구입하여 전기를 만들어서 전구 2개와 키보드, 마이크 2개를 사용하여 선교를 했다.

밤에는 광야에 가설극장을 만들어 "예수" 영화도 상영하여 이들에게 복음을 증거했다. 광야에 작은 교회를 돕는 섬김은 작은 복음의 손이 되었다. 어떤 때는 선교 팀을 싣고 가는 중에 선교 목적지 3킬로미터를 남겨 놓고 고속도로에서 차가 퍼져 버렸다. 12인승 차량이 너무 낡아서 차량의 모터와 연결된 벨트와 팬벨트, 그리고 모든 벨트가 끊어져서 선교대원들이 차를 밀어서 3킬로미터를 가기도 했다. 그리고 차량을 수리·정비한 지방 정비업체에서 우리를 속여서 비싼 가격으로 정비를 하고, 또 중고품 벨트를 신제품으로 속여서 정비해 주었다. 선교사역으로 때로는 막대한 손해를 보기도 한다.

❦ 아르헨티나 현지인 바울목회자훈련 선교사역

아르헨티나의 많은 목회자 가운데 정식으로 신학 공부를 안 한 분들이 70% 정도가 된다. 내가 개척한 임마누엘교회는 재생산 선교사역으로, 아르헨티나 목회자 훈련을 하는 센터가 되어 하나님께 영광을 돌렸다.

C.E.M.A de los Andes(안데스 선교센터)는 바울목회자훈련원으로 아

르헨티나 목회자들과 리더들을 동원하여 속성으로 설교학, 성령론, 기독론, 교회성장학, 선교학 등 목회 필수 과목을 1박 2일 동안 강의를 한다. 7년 동안의 현지인 목회자와 리더를 섬기는 선교사역을 통하여 위성도시의 교회들과 지방 교회들과 BS-AS 도시 교회들에게 영향을 주는 선교사역으로 하나님의 나라를 질적으로 성장하게 했다.

동원된 목회자들 교회의 교인 수는 50명, 100명, 300명, 500명, 1,000명 등 다양하다. 목회자가 건강해지면 교회도 건강해지고, 성장을 한다. 하나님 나라가 엄청나게 크게 확장될 것이다. 내가 개척한 임마누엘교회의 섬김으로 이웃 교회들이 기뻐한다.

개척한 임마누엘교회 성도들은 100명, 200명, 300명의 목회자들을 목회자 훈련기간 1박 2일 동안 차와 음식을 준비하여 잘 섬긴다. 여기서 연구한 목회자들이 영적으로 건강해지고, 또한 건강한 영성의 목회자들을 통하여 원주민 교회들이 건강하게 성장한다.

안데스 바울(Paulino)목회자훈련원, 핵심 리더사역은 아르헨티나 목회자들 및 리더들을 동원해서 교육하는 팀사역으로, 시스템과 시스템의 만남으로 스파크(불꽃)가 일어나게 하는 시너지 창출형 목회자, 교회의 리더들 동원 훈련 선교사역(Centro Paulino Capacitacion de Pastores)이며, 남미 안데스를 점령하는 선교 전략·전술이다. 목회자와 리더가 건강한 영성을 갖추도록 섬긴다면, 그 열매들은 엄청나다. 목회자가 200명이 모인 바울목회자훈련으로 얻는 결과(열매)들은 작게는 3만 명의 열매이다. 목회자 한 분, 한 분이 만나는 원주민 교회 성도들이 적게는 50명, 80명, 100명, 200명, 500명, 많게는 1,200명 교회 목회자도 참여했다. 건강한 영성의 목회자 200명을 일어서게 한다면 엄청난 영향력이다. 이들은 일평생 원주민 목회를 하면서 하나님께 영광을 돌릴 것이다. 그러므로 원주민, 현지인 목회자를 만나는 것은 그들 목회 현장의 원주민 성도들을 만나는 것과 같다.

라틴아메리카 '세계기도자학교' 선교사역
(Latina Escuela Mundial de Oracion)

남아메리카 아르헨티나의 수도 부에노스아이레스에서 27킬로미터 떨어진 위성도시 La Matanza 시에서 나는 1999년 10월 30일에 임마누엘 원주민 교회를 개척하고, 기도 영성을 유지하며, 계속 기도의 불을 붙이고 있었다. 내 이름 그대로 기도의 선지자(기선)로 성령님은 계속 기도를 시키시고, 기도 선교로 몰아가셨다.

개척된 임마누엘교회는 한국의 기도원처럼 부르짖어 기도하는 원주민 교회가 되었다. 예배는 수요일, 금요일, 토요일, 주일에 드린다. 금요일은 저녁 기도집회를 했다. 토요일과 주일 아침에는 한국 교회처럼 새벽예배를 대신해서 아침 7시에 예배와 기도집회를 드렸다. 현지인 원주민 부목사 부부와 교회 중직들을 위해 성령운동을 계속하였다.

한마디로 말하면, 나의 미션 액션의 키워드는 기도 영성으로 기도 선교가 된 것이다. 사도행전 교회처럼, 가정 교회처럼 목장들을 세워서 일주일에 한 번씩 모이는 각 가정에서 말씀으로 교제한 후에 기도하도록 하였다.

남아메리카의 강점이 있다. 낙천적이고 열정적이다. 기도를 좋아한다. 뜨겁게 기도하기를 좋아한다. 그래서인지 교회에서 기도하면 초자연적인 역사가 많이 나타난다. 귀신이 소리쳐 나가고, 병마가 물러가고, 새 역사가 많이 나타난다. 그래서 오순절교회가 많다. 오순절교단의 교회가 개척을 많이 하고, 성장을 크게 한다. 남미의 해방신학이

나온 이유도 여기서 찾을 수 있다. 기도는 많이 하는데, 영성의 기본인 말씀이 약하여 쉽게 신비주의에 빠진다.

남아메리카 교회들의 말씀 부족 현상은 약점이다. 건강한 영성, 건강한 교회를 일으키는 대안이 바로 '세계기도자학교'(Latina Escuela Mundial de Oracion) 선교사역이라는 것을 나는 기도 응답으로 깨달았다. 이때 놀랍게도 성령님은 한국에서 광명교회를 목회하시는 최남수 목사님을 만나게 하셨고, 뉴욕 프라미스교회에서 목회하시는 김남수 목사님(4-14 Window New Generation)을 만나게 하셨다. 그로 인하여 중남미 라틴아메리카 선교를 향한 선교의 눈이 더 크게 열렸다. 하나님의 은혜로 최 목사님을 초청하여 아르헨티나에서 최초로 라틴 '세계기

도자학교'를 시작하게 되었다.

세계기도자학교로 인하여 말씀이 부족해 연약했던 아르헨티나 교회들이 일어나기 시작했다. 세계기도자학교에 대한 아르헨티나 목회자들의 반응은 너무 좋았다. 기도자학교는 기도만 하는 학교가 아니라 기도와 말씀이 함께 가는 학교이다. 그래서 100명 교회도, 500명 교회도 가서 섬겼다. 1,000명 교회, 2,000명 교회, 3,000명 교회도 섬겼다.

세계기도자학교로 말미암아 교회들이 변화되기 시작했다. 세계기도자학교는 중·남·북아메리카의 추수하는 미션 시대의 시대적 대안이라고 생각한다.

현지인 목회자들을 1박 2일 세계기도자학교 행사로 동원하면 숙식을 제공하는 것이 너무 힘들어서 어떻게 섬겨야 할 것인가 걱정이 많았다. 선교사가 넉넉하지 않아서 재정을 사용하는 선교사역은 힘이 든다. 그래서 라틴 세계기도자학교 현지인 코디네이터 목사들과 심도 깊게 기도자학교 전략회의를 했다.

기도자학교 전략회의 결과 세 가지를 결정했다.
1) 세계기도자학교를 참여하는 모든 목회자들은 각자가 도시락을 싸서 오게 하는 것이다. 그렇지 않으면 자비로 해결하도록 했다.
2) 세계기도자학교 참석 회비를 받지 않고, 교재책 값은 50$로 한다.
3) 속성코스로 강의하는 것으로 한다. 1박 2일 코스로 토요일과 주일을 활용한다. 현지인 목회자들의 80%가 직업이 있기 때문이다.

이때부터 한국식 사고방식(공짜로 먹여 주고, 선물 주는 것)을 모두 버렸다. 선교사역이 너무 편해졌다. 왜냐하면 돈을 써야 하는 이벤트식 부담이 완전히 없어졌기 때문이다. 현지인 목사들은 자발적으로 도시락을 지참해 왔다. 그리고 메떼 차를 마시면서 강의에 열중했다. 엄청난 효과가 일어났다.

전 세계의 경제위기 시대에 돈, 물적 선교는 안 된다. 기도 선교로 승부를 걸었다. 기도 선교의 전략·전술이 남미 아메리카 토양에 적중했다.

❥ 장로교(Presbiteriana)
간판을 보고 이단이라고?

원주민 교회를 개척하여 교회 간판을 IGLESIA PRESBITERIANA(장로교)라고 써서 걸었더니, 장로교가 뭐냐고 질문이 쇄도했다. 심지어는 이단이라는 소문이 돌았다. 교회의 간판을 바꾸었다. EMANUEL EVANGEILCO(선교센터)라고 했다.

🌱 남·중아메리카
L.A.C.45.M 미션 파노라마

L.A.C.45.M선교회는 라틴아메리카 4억 5천만을 콜링하는 선교회다. 남아메리카의 세계기도자학교 베이스캠프는 아르헨티나이다. 아르헨티나와 남미를 총괄하도록 Walter Serentr 목사를 세우고, 중아메리카는 과테말라의 Marco 목사를 중심으로 북아메리카와 중아메리카를 선교하기 위해 베이스캠프를 세우고, 콜롬비아에서 활동하는 Jose Elmar, 베네수엘라는 Oscal 목사를 세워 주변 나라들을 사역하기 위해 역할 분담을 하였다.

🌱 라틴아메리카 목회자들 초청
2020년 '세계기도정상대회'
('2020 World Prayer School Summit' in Korea)

21세기 선교는 주님의 지상명령사역으로 타 문화권선교를 초교파적으로 한다. 연합된 협력 선교사역은 시너지 효과로 스파크가 일어나서 엄청난 효과를 내는 선교사역이 된다. 선교사역자들은 불꽃을 일으키는 사역자들이다(히 1:7 - "천사들에 관하여는 그는 그의 천사들을 바람으로, 그의 사역자들을 불꽃으로 삼으시느니라").

초교파적인 시너지 창출 미션사역은 결과적으로 세계선교로 드러나 타 문화권에 하나님의 나라가 엄청나게 확장된다. 개교회주의 선교정책과 선교지향, 내 교회, 내 교단, 내 커뮤니티를 지향하는 미션사역은 시너지 선교를 할 수가 없다.

주님은 협력하여 선을 이루라고 명령하신다. 21세기는 글로벌한 유튜버들의 시대요, 인공지능 시대요, 광케이블 빅데이터 시대이다. 지금도 사탄 마귀는 인류를 대량으로 지옥으로 끌고 가고 있다. 이때에 우리는 선교를 통하여 새 지평을 넓혀서 세계선교의 전략전술을 펴서 속히 땅 끝까지 복음을 전해야만 한다. 천국백성을 크게 일으켜야 한다.

2016년 한국에서 세계기도자학교 기도정상대회를 열었을 때에 라틴아메리카에서 불 그릇들이 한국에 초청되었다. 아르헨티나에서 6명, 칠레에서 2명, 우루과이에서 1명, 브라질에서 3명, 볼리비아에서 1명, 그리고 콜롬비아에서, 과테말라에서, 멕시코에서, 엘살바도르에서, 미국에서, 캐나다에서, 스페인에서 초청이 되었다.

예수님께서 이 땅에 불을 던지러 왔다고 하셨다(눅 12:49 - "내가 불을 땅에 던지러 왔노니 이 불이 이미 붙었으면 내가 무엇을 원하리요). 유럽 나라들에서 핵심적인 목회자들이 동원되고, 아프리카에서 핵심 헤드급 목회자들이 동원되고, 아시아권에서도 동원되고, 라틴아메리카에서도 한국에서 불을 담아 갈 수 있는 불 그릇들이 동원되었다. 그리고 큰 은혜와 도전을 받고 각 나라에 돌아가서 주님과 함께 불을 던진다. 각 나라에 7,000명의 기도자들을 일으킨다. 엄청난 미션 사역이다.

2020년 1월 22일 현재, 2020년 9월 세계기도자학교 기도정상대회에 참석하기 위해 라틴아메리카에서 이미 16개국 각 나라의 영적 헤드급 목회자들이 신청을 마쳤다. 이 나라들은 아르헨티나, 칠레, 우루과이,

페루, 베네수엘라, 파라과이, 콜롬비아, 브라질, 파나마, 니카라과, 과테말라, 엘살바도르, 코스타리카, 도미니카, 멕시코, 미국이다. 그리고 쿠바 등 기타 나라들에서도 참여할 예정이다.

북아메리카 미국에 거주하는 라틴아메리카 사람들이 5,400만이다. 그들을 향한 전술도 펼칠 것이다. 나의 미션 액션 실행의 선명한 목적은 아메리카에 있는 라틴아메리카 목회자들과 라틴아메리카 교회들은 이 마지막 21세기 시대(new generation)에 중동 지역 이슬람권과 힌두권을 선교하는 마지막 주자(last runners)인 줄 믿기 때문이다. 지금도 아르헨티나에서, 브라질에서, 멕시코에서, 라틴아메리카 각 나라에서 이슬람 회교권으로, 힌두교권으로 라틴계 선교사들(평신도 선교사, 목회자 선교사)이 들어가서 미션을 실행하는 중이다. 라틴계 사람들은 얼굴 모습도 이슬람권 사람들과 비슷하고, 생명적으로 생각하는 친구의 개념도 비슷하다. 그리고 낙천적이고 열정적이다.

나의 아메리카 동원선교 콘셉트는 아르헨티나에서부터 캐나다까지 아메리카 각 나라의 영적 헤드 목회자들, 즉 한국에서 능력의 불을 담아 갈 수 있는 그릇들을 초청하여, 라틴아메리카 대륙에 불을 던져서 대륙을 살리게 하는 '시너지 미션 핵심 전략·전술'이다.

주님은 엄청난 라틴아메리카 목회자 인맥들을 우리 미션 동원사역에 붙여 주셨다. 그리고 보내 주신다. 성령님은 지금도 우리와 함께 일하신다. 이 모든 미션 사역을 한마디로 표현하면 '기적'이다. 또 하나의 기적은 '최남수 목사님이 시무하시는 의정부 광명교회에서 이 거대한 미션사역을 위해 엄청난 물적 자원, 인맥 자원을 준비하는 모든 것'이다. 오직 하나님 나라의 영광을 위하여, 세계 70여 개국에서 세계기도정상대회에 참석하는 각 나라 100여 명의 목회자들을 예수님처럼 섬기는 섬김도 기적이다.

남아메리카 아르헨티나 선교를 시작하여 북아메리카까지, 라틴아메리카로 새 지평을 넓히고 선교사역을 확장시키고 감당하게 하시는 우리 성령님께 모든 영광과 감사와 찬송을 올려 드린다. 할렐루야!

🌱 라틴 세계기도자학교 선교사역
[L.A.C.45.M(LatinAmericaCall45Missions)]

라틴아메리카(스페인어권) 선교역사의 기록이다.

사도행전에서 성령의 폭발 임팩트는 바울에 의해서 복음이 로마로 들어간 것으로부터 시작된다. 성령행전인 사도행전은 서신서로 불길이 번져 갔다. 바울은 서바나도 점령하였다. 서바나는 스페인이다. 라틴아메리카 스페인어권 선교의 역사는 바울의 선교 복음의 발로 시작된 것이다.

"이제는 이 지방에 일할 곳이 없고 또 여러 해 전부터 언제든지 서바나로 갈 때에 너희에게 가기를 바라고 있었으니…그러므로 내가 이 일을 마치고 이 열매를 그들에게 확증한 후에 너희에게 들렀다가 서바나로 가리라"(롬 15:23, 28).

유럽에서 아메리카로 들어간 역사적인 두 라인이 있다. 한 라인은 신앙의 자유를 찾아 북아메리카로 들어간 청교도들이다. 다른 라인은 라틴아메리카로 황금을 찾아 들어간 이들이다. 생명의 복음의 빛의 미션 라인은 영국에서 일어난 퓨리턴 복음주의자들로, 복음을 들고 신앙의 자유를 찾아 미국(북아메리카)으로 이민하여 부강한 기독교의 국가를 세웠지만, 다른 세상적인 라인인 스페인과 포르투갈 등은 황금을 찾기 위해 남미에 이르러 무력으로 제압하고 죽이고 빼앗고

탈취하였다. 말발굽으로 잔인하게 점령하고 짓밟았다.

이로 인하여 북미와 라틴아메리카의 운명이 갈라졌다. 북아메리카에는 생명의 복음으로 건강한 기독교 국가가 세워졌지만 라틴아메리카에는 유럽의 중무장한 군인들이 멕시코 지역의 마야 제국과 그 문명, 페루 지역의 잉카 제국과 그 문명을 신무기로 짓밟았다. 금과 은과 보화를 모두 탈취했다. 지금도 그때의 비참함과 피의 역사를 라틴아메리카 토착민들은 싫어한다. 토착민 인디오 말살정책까지 폈다고 한다. 황금을 얻기 위해 라틴아메리카 토착민들을 무자비하게 짓밟았던 것이다.

하나님의 뜻으로 이곳을 살리려고 우리 가족은 남아메리카 최남단 아르헨티나 땅으로 파송되었다. 죽음은 죽음을 낳고, 생명은 생명을 낳는다. 선교사는 생명을 구원하는 복음나팔이며, 생명을 구원하는 영적 미션의 야전군병이다. 언어가 다르고, 문화가 다른 타 문화권 미션 전선에서 야전군 사령관이신 성령님과 동행하며 미션을 수행하는 영적 지휘관이다.

죄악으로 고통하며 죽어 가는 영혼을 복음으로 살리고, 병든 자를 치유하고, 말씀으로 교육하며, 양육한다. 음부의 권세가 이기지 못하는 주님의 건강한 라틴아메리카 교회를 세우며, 주님의 지상명령을 이루는 천국 복음의 대사이다.

🌱 아르헨티나 선교 파노라마

1) 1996년 11월 30일 아르헨티나 선교지에 도착
2) 1997년 'Grano de Trigo 밀알' 원주민 교회 담임 선교사 취임

3) 담임 선교사역 2년 후 'Grano de Trigo 밀알' 원주민 교회 담임 선교사 사임

4) 1999년 10월 30일 450만 도시 La Matanza에 임마누엘 원주민 교회 개척

5) 주일학교 선교로 시작하여, 2년 만에 교회 건물을 구입

6) 현지인 목사 2명을 안수하다(페데리꼬 목사와 루이스 목사).

7) 재생산 선교사역으로 '바울목회자훈련 사역'을 시작하다.

8) 아르헨티나 남쪽 안데스 산맥 토착민 마뿌체 종족 선교사역

9) 아르헨티나 북쪽 키츄아 종족을 선교, 8개 지역에 교회를 건강하게 일으키다.

10) '라틴 세계기도자학교'를 시작하다. 남미의 7,000명 기도자를 일으키다.

11) 세계기도자학교 선교사역의 불길이 남미, 중미, 북미로 번져 가다.

12) 세계기도자학교 세 개의 베이스캠프를 세우다. - 아르헨티나 남미 캠프, 과테말라 중미 캠프, 베네수엘라 캠프.

13) 비바! 라틴아메리카(L.A.C.45 미션)선교회, 세계기도자학교(World Prayer School) 아메리카 대표

🌱 세계기도자학교 라틴아메리카
   선교의 새 지평

세계기도자학교(Escuela mundial de oracion) 라틴아메리카 선교사역으로 폭발적 시너지 선교의 새 지평을 열었다. 라틴아메리카 교회들의 치명적인 약점이 말씀의 부족 현상인데, 그 절실한 필요들(영적 필요, 정신적 필요, 육체적 필요)을 채워 주는 세계기도자학교 라틴아메리카 선교

사역으로 말씀과 기도로 건강한 라틴아메리카 교회들을 세워 주는 핵심적인 섬김의 미션사역이다. Escuela mundial de oracion, 세계기도자학교에서 성령의 선교의 열기가 라틴아메리카를 달구고 있다.

라틴아메리카 교회들이 일어나 세계 선교 마지막 주자로 선교의 험산준령이자 정글 같은 회교권과 힌두교권을 향한 마지막 복음 선교의 나팔이 될 것이다. 세계 선교에 불을 지피는 엄청난 라틴아메리카

선교사역[세계기도자학교(Escuela mundial de oracion)]이 불붙었다.

복음의 불 그릇들을 사용하시는 성령님은 사도행전에서 예루살렘부터 시작하여 유대와 사마리아와 땅 끝까지 이루어질 것을 말씀하셨다. 이 길에 쓰임 받는 불 그릇들이 라틴아메리카 교회들이 될 것이다. 하나님께서 한국의 약 25,000명의 선교사들을 세계에 파송하여 선교사역을 하시는 것같이, 지금 성령님은 라틴아메리카 선교사들을 일으켜서 회교권과 힌두교권을 구원하기 위한 선교사역을 이미 실행하고 계신다.

"너희보다 먼저 갈릴리로 가리라"(마 26:32).

남미의 최남단 아르헨티나에서 중아메리카와 북아메리카 최북단 캐나다 밴쿠버까지(미국에만 라틴아메리카인들이 5,400만 명이나 살고 있다), 세계기도자학교로 불붙은 작은 불씨로 시작하여 큰 불기둥을 이루어

아르헨티나와 우루과이와 칠레와 베네수엘라와 콜롬비아, 그리고 과테말라 등 라틴아메리카 20개 나라에 7,000명의 기도자를 일으키고, '라틴 세계기도자학교' 선교사역으로 멕시코, 미국의 동부와 서부 각 지역의 히스패닉 라틴아메리카노들의 교회와 목회자들에게까지 영향력을 행사하며 북진하고 있다.

"내가 불을 땅에 던지러 왔노니 이 불이 이미 붙었으면 내가 무엇을 원하리요"(눅 12:49).

아르헨티나와 라틴아메리카 선교지 필드의 원주민 교회들을 건강

하게 해주고, 모든 리더들을 건강한 영성으로 일으키며, 모든 현지인 목회자들의 사역에 도전을 주고, 살아 움직이는 교회로, 선교하는 사도행전적 교회로, 야성이 살아 움  직이는 교회로 세우고자 한다. 내 이름처럼 아르헨티나와 라틴아메리카에서 영적인 기선을 제압하여 이 사명을 이루어 가기를 원한다. 아르헨티나는 '남미의 파리'라는 별명이 있다. 또 '남미의 유럽'이라고 한다. 아르헨티나는 땅의 크기가 한국의 약 28배나 된다. 이 남·북미대륙에서 펼쳐지는 미션 전쟁이요, 영적 대승리의 대박 선교이다.

　선교지에서 선교사가 먼저 성령으로 말미암아 야성이 살아야 정글의 왕 사자처럼 사자후를 발하며 으르렁대며, 야전기지 어둠의 검은 정글에서 우글거리는 악령들을 몰아내고, 구령의 열정으로 생명을 구원할 수 있다. 성령의 불같은 구령의 열정은 선교사로 하여금 깡으로 살게 한다. 어찌하든 복음과 축복의 주인공인 선교사가 살아남아야 원주민들을 살리든지, 치료하든지, 삶의 변화를 일으키든지, 삶의 힐링을 줄 수 있다.

　선교사가 선교지 필드에 가서 선교사역 중에 겪는 사건들은 너무 많다. 그중에서도 개척교회 사역에 제일 많은 영적 미스테리의 스토리들이 있다. 그리고 지금도 계속되는 라틴아메리카 20개 나라 약 4억 5천만을 향한 '라틴 세계기도자학교 사역'(Escuela mundial de oracion en Latino America)과 목회자 훈련 사역과 오지 인디오(원주민 인디언: 남쪽 안데스 산맥 칠레 국경 가까이 거주하는 마뿌체 종족, 북쪽 키츄아 종족) 선교사역

등 다양한 사역들을 수록하고자 한다.

1) 중남미 목회자, 지도자 기도자학교(영성사역)
   LATIN PRAYER SCHOOL
2) 아르헨티나 목회자들을 앞세운 팀 선교 사역
3) 라틴아메리카 선교를 세계선교에 기여케 한다.
   (방향: 20개 나라 4억 5천만을 불러 이슬람권사역)
4) 공유사역 시스템(S.N.S) 가동
   (라틴아메리카 20개 나라 거미줄 네트워크 공중파사역)

* 라틴 세계기도자학교 목적과 방향

1. 목적(Movimiento)
   1) 원주민 목회자들, 리더들, 성도들을 기도자로 일어서게 한다.
      '아르헨티나 국가와 중남미의 재앙을 막는 영적 승리 무브먼트'
   2) 7천 명의 '기도 군대를 일으키는 무브먼트'
   3) 기도와 말씀을 핵심으로 한 기도자학교(영성 훈련)로 아르헨티나와 중남미 교회들을 건강하게 일으킨다.
      '교회를 건강하게 하는 영성 무브먼트'
   4) 기도자학교로 목회자, 리더자, 성도들을 건강하게 한다.
      '목회자, 리더자, 성도들을 건강하게 해주는 영성 무브먼트'
   5) 중남미 주님의 지상교회는 전투 교회로 승리하도록 일으킨다.
      '영적으로 승리하는 전투 교회와 목회자로, 리더자로 세워 주고, 일으키는 영성 무브먼트'
   6) 제3세계로 선교사를 파송하는 교회들로 일으킨다.
      '중남미 교회들과 목회자들이 주님의 지상명령을 이루는 선교 무브먼트'

'라틴아메리카 20개 나라를 하나로 동력화시키는 큰 불기둥 무브먼트'

2. 방향

1) 중남미 목회자들과 리더들, 교회들을 중심으로 한 무브먼트

2) 목회자, 지도자, 리더자를 중심으로 한 영성 무브먼트

3) 재생산 사역으로 목회자가 목회자를 일으키고, 지도자가 지도자를 일으키고, 리더가 리더를 일으키고, 교회가 교회를 일으키는 무브먼트

4) 라틴아메리카 20개 나라 4억 5천만 라틴아메리카인들의 구원을 위하여 아르헨티나(교회와 목회자들)가 베이스캠프가 된다.

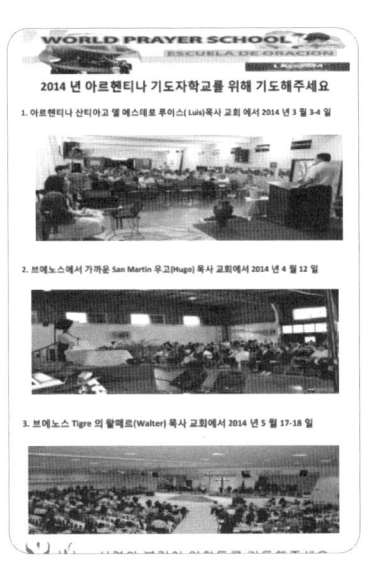

🌱 라틴아메리카 미션을 위한 만남

선교지 필드에서 첫 번째로 만난 선배 선교사들은 먼저 선교지에 도착한 기라성 같은 선배들이다. 나는 선교지에 도착하여 먼저 부정적으로 선배 선교사들의 실패담을 듣기도 하며 그 이유를 분석했다. 선배 선교사들에게 도움을 받는 것이 이것이다. 원주민들에게 공격당

하는 이유, 교회를 건축하다가 지쳐서 번아웃(탈진)되는 이유, 여러 방향으로 분석해서 실패를 줄여야 하기 때문이다. '왜 선교하는 교회에 도둑이 자주 들어오는가?' 등을 세부적으로 분석해서 내가 개척한 교회는 20년이 지나도록 한 번도 도둑이 든 적이 없다. 또한 긍정적인 성공담도 듣고 그 사례들도 분석했다.

하나의 예를 들면, 교회를 너무 좋은 음향시스템 등으로 치장을 하고 한국인이 돈이 많다는 것을 간접적으로 보여주면 곧 눈에 띄게 좋은 것들이 많은 것을 보여주면, 선교사가 돈이 많은 것으로 착각하여 권총을 들고 집과 교회까지 털어 간다. 그렇게 당하고 나면 정신이 하나도 없다. 그리고 물질 선교, 돈 선교를 하면 선교교회는 망한다. 동료 선교사나 타 선교사에게까지 방해가 된다. 교회를 위해 헌신적으로 봉사하거나 청소해 주는 성도에게 월급을 준다거나 돈을 주면 꼭 배신을 한다. 그리고 믿음을 가지기 전에 탐심으로 시험에 든다.

그래서 나는 선교목회를 하는 원칙을 세웠다. 첫째로 봉사자, 건물 관리자, 청소로 돕는 이, 교육으로 열심히 일하는 분들이 가난하면 먹을 양식을 사서 주고, 절대로 돈을 주지 않았다. 돈을 주면 불만이 생긴다. 왜 적게 주느냐는 등 교회를 욕하며 선교목회에 독이 된다. 둘째로 교회 외부를 너무 잘 치장하지 않는다. 셋째로 앰프나 스피커, 드럼, 키보드 등을 값비싼 유명 메이커로 사지 않는다. 그래서 우리 임마누엘교회의 대형 스피커는 내셔널 제품, 아르헨티나 메이커 제품이다. 그래도 유명 메이커에 비해 성능이 뒤떨어지지 않는다.

선배 선교사 중에 교회에 유명 메이커의 키보드, 앰프, 피아노, 드럼, 마이크 시스템을 사서 두었는데 두 번이나 도둑이 몽땅 다 털어 간 경우가 있었다. 선교는 좋은 음향 시스템도, 치장도 중요하지만 더 중요한 것은 영혼 구원이다. 그리고 교회를 돌보는 섬김도 원주민들이 자발적으로 일하도록 시스템화하여 건강한 현지인 교회로 성장하는 중이다.

선교는 초교파적이다. 세계선교의 주자 '4-14 window' 만남으로 미션 역량을 넓혔다. 새로운 미션의 뉴패러다임 대지평이 열렸다. 대가를 만나면 그 영향력으로 전략적인 선교와 전술을 펼치게 되는 것이다. 선교의 대가를 만났다.

유명한 세계선교학자인 루이스 부시(Luis Bush) 목사는 아르헨티나 태생 캘리포니아 사람이다. 그는 1990년 선교전략으로 '10/40창'을 만들었다. 이는 지구 동반구(eastern hemisphere)에 속하며 북위 10도와 40도 사이에 있는 지역을 지칭한다. 이 지역 내에 59개의 국가가 있고, 여기에 전 세계 비기독교인의 80% 가량이 거주한다.

10/40창이 선교적 관점에서 왜 중요한가?

1) 복음에 저항적인 세 집단이 속해 있다. - 이슬람교권, 힌두교권, 불교권

2) 바렛과 존슨의 미복음화 국가 30개국 중 23개 국가가 여기에 포함된다.

3) 전 세계 빈민의 82% 혹은 전 세계 저개발국 40개국 중 18개 국가가 여기에 포함된다.

10/40창에는 아프리카의 사하라 사막권과 북부, 그리고 대부분의 아시아권(서아시아, 중앙아시아, 남아시아, 동아시아, 동남아시아)이 여기에 속

한다.

대략 세계인구의 3분의 2가 여기 거주하고 있다. 이 지역 대다수 사람들이 무슬림, 힌두교인, 불교신자들이며 정령숭배자들, 유대교와 무신론자들이!

그러나 루이스 부시 목사는 21세기 선교의 대안으로 제시했던 10/40창이 더 이상 선교적 대안이 아님을 깨닫고, 세계선교를 위해 "어린이 4세부터 14세까지"를 복음으로 일으켜야 세계교회가 산다는 것을 알고 새로운 패러다임 월드미션 '4-14 window' 사역을 '뉴욕 프라미스교회 김남수 목사와 함께' 하고 있다.

라틴아메리카 어린이들, 청소년들의 구원을 위해 시너지 협력 선교가 필수이다. 성령님은 나에게 강권적으로 김남수 목사님과 최남수 목사님을 만나게 하셨다. 그래서 라틴아메리카에 '세계기도자학교'와 4-14 윈도우 세계 어린이를 구원하는 미션 사역이 시작되었다. 그러므로 시스템과 시스템의 만남으로 불꽃이 일어나는 시너지 선교요, 성령의 불길이 라틴아메리카에서 폭발적으로 일어난 시너지 미션이 된 것이다.

성령님의 역동적인 감동과 미션으로 일어난 아메리카 선교의 불길

로 말미암아 얻는 결과들은 라틴아메리카의 교회들을 건강하게 일으키고 세워 주어, 세계선교의 Last runner(마지막 주자)로 세워지는 것이다. 결과

적으로 한국교회가 25,000명 이상의 선교사들을 파송하여 세계선교에 열광하는 것같이 '라틴아메리카 교회들'이 선교사를 파송하여 전 세계에 흩어져 있는 이슬람 회교권과 힌두교권의 선교를 감당할 것이다. Last runners(마지막 주자들)가 될 '라틴아메리카 교회들의 미션 액션'이, 선교 대업, '주님의 지상명령'을 이룰 것이라 확신한다.

라틴아메리카 영적 전쟁 미션 전략·전술로 얻는 결과들

비바~! 라틴아메리카! 라틴아메리카에 불을 던져라! 성령의 불! 말씀의 불! 기도의 불! 예수님은 이 세상에 오실 때에 정부를 세우지 않으셨다. 학교를 세우지 않으셨다. 병원을 세우지 않으셨다. 오직 주의 교회를 세우셨다.

"너는 베드로라 내가 이 반석 위에 내 교회를 세우리니 음부의 권세가 이기지 못하리라 내가 천국 열쇠를 네게 주리니 네가 땅에서 무엇이든지 매면 하늘에서도 매일 것이요 네가 땅에서 무엇이든지 풀면 하늘에서도 풀리리라"(마 16:18-19).

그리고 주님의 교회를 세우고 복음을 선포하고 전파하라고 지상명령 즉 선교 명령을 하셨다.

"예수께서 나아와 일러 가라사대 하늘과 땅의 모든 권세를 내게 주셨으니 그러므로 너희는 가서 모든 족속으로 제자를 삼아 아버지와 아들과 성령의 이름으로 세례를 주고 내가 너희에게 분부한 모든 것을 가르쳐

지키게 하라 볼지어다 내가 세상 끝 날까지 너희와 항상 함께 있으리라 하시니라"(마 28:18-20).

이제 세워진 이 교회들이 학교도, 병원도, 다른 기관도, 복지센터 등도 세워 나가는 것이다. 그러므로 목회자가 건강한 영성을 가지면 건강한 주님의 교회를 세운다. 교회가 선교한다. 'World Prayer School'로 라틴아메리카 교회가 일어난다.

한국에서 약 28,000명의 선교사가 나가 세계선교를 이루고 있다. 'Last mission runner'(마지막 미션 주자)로 라틴아메리카가 마지막 추수 지역을 추수할 것이다. 성령의 불길이 라틴아메리카 위에 임하고 있다.

나는 20년 전에 성령으로 감동을 받았다. 미국 선교사들도, 한국 선교사들도 잘 못하는 이슬람 회교권, 힌두교권을 공략할 마지막 주자를 하나님이 준비하신다.

나는 감히 선포한다. "라틴아메리카여! Last runner여! 일어나라! 라틴 교회들이여! 목회자들이여! Last runners! get up! 일어나라! 마지막 주님의 오시는 길(재림)을 선교로 예비하자. 주의 길을 준비하자. 추수하자."

벌써 이슬람 지역, 힌두교 지역을 복음으로 섬기는 미션의 불은 던져졌다. 라틴아메리카 목회자들이나 평신도 영적 지도자들은 매우 열정적이다. 그리고 낙천적이다. 불 같은 은혜를 받으면 즉시 도전한다. 저돌적으로 직행한다. 라틴아메리카 사람들은 친구의 개념이 생명적이다. 그리고 생긴 모습이 이슬람 사람들과도 비슷하다. 이들 라틴아메리카 나라들과 사람들은 중동의 나라들과 적대국이 거의 없다.

아르헨티나에서 600명이 넘게 이슬람 지역에서 미션 활동 중이다. 브라질에서는 1천 명이 넘게 선교하는 중이다. 멕시코에서도 많은 선교사가 이 지역에서 활동 중이다. 주님의 마지막 지상명령이 이루어질 것이다.

또한 나는 한국이 선교의 대역량을 발휘하는 미션 대국이 되기를 기도한다. 한국 교회들은 지금 한국에 밀려오는 중동인들과 세계인들을 선교해야만 할 것이다. 한국에서 사는 다문화권 인구가 100만 명이 넘었다고 한다. 한국 교회가 이들을 안아 주고 복음의 팔로 섬기는 주의 일을 해야 한다고 본다.

중남미 아르헨티나에서 오래도록 선교를 해오는 동안 느낀 것이 있다. 라틴아메리카 선교는 한국에서 한마디로 인기가 없었다. 어느 선교대회를 가도 소외되는 느낌을 많이 받았다. 이런 인기가 없는 소외 지역에 왜 성령님은 우리 선교사들을 콜링해서 일을 시키실까? 그동안 의문도 있었다.

그럼에도 불구하고 라틴아메리카 선교사들이 미션 필드에서 열광하는 이유가 분명히 있다. 라틴아메리카 선교에서 얻는 결과들은 엄청난 것들이다. "Last runners! get up!"(마지막 주자들이여! 일어나라!) 지금도 라틴아메리카 미션 필드를 향한 주님의 지상명령은 이루어지는 중이다.

나는 'World Prayer School' 선교사역으로 라틴아메리카에 미션의 불을 던지는 불길이 되고자 한다. 2020년 9월 'World Prayer School' 세계기도정상대회에 참석하는 세계 70여 개 나라 가운데, 라틴아메리카와 북아메리카 등 16개 나라에서 미션의 불을 담아 갈, 불 그릇들이 한국에 올 것이다. 이들이 한국에서 성령의 능력의 불을 받아 각 나라에 불을 붙일 것이다.

이들은 예수님처럼 북아메리카와 라틴아메리카 각 나라 위에 불을 던질 것이다.

"내가 불을 땅에 던지러 왔노니 이 불이 이미 붙었으면 내가 무엇을 원하리요"(눅 12:49).

이미 2020년 9월 'World Prayer School' 세계기도정상대회에 참석하고자 1) 아르헨티나, 2) 칠레, 3) 우루과이, 4) 파라과이, 5) 브라질, 6) 콜롬비아, 7) 베네수엘라, 8) 과테말라, 9) 니카라과, 10) 엘살바도르, 11) 파나마, 12) 코스타리카, 13) 도미니카, 14) 멕시코, 15) 페루, 16) 미국에서 접수를 했다. 성령의 불기둥 폭풍이 불 것이다. 그리고 또 다른 나라에서 신청 중이다. 할렐루야!!!

🌱 라틴아메리카 대박 선교 전쟁

우리 가정은 대한예수교장로회 G.M.S 총회세계선교회에서 1996년에 파송 받아 아르헨티나를 시작으로 하여 선교사역을 펼치고 있다. 목사 안수 받기 전에 이미 나는 1989년부터 아르헨티나 선교를 했었다. 포르모사 지역의 토착민들과 산후안 지역, 부에노스아이레스 지역에서 태권도 협력사역을 경험했다. 왜냐하면 하나님이 이미 영감으로

환상을 보여주셨기 때문이다. 그리고 세미한 음성도 들었다. 한국에서 파송 받아 목사 선교사로 미션 활동을 한 것까지 하면 30년이 넘는 선교사역 기간이다.

남미대륙과 북미대륙까지의 영적 미션 전쟁의 대지평을 열어 주신 하나님께 감사한다. 대륙 선교를 하면서도 아직 나의 마음에는 좁게 느껴진다. 나의 마음은 열방을 향해 있다. 즉 세계 끝까지이다. 왜냐하면 성경적인 근거가 명백하기 때문이다. 아브라함의 축복이 생수의 강처럼 내 안에서 흘러난다.

"믿음으로 말미암은 자들은 아브라함의 아들인 줄 알지어다…믿음으로 말미암은 자는 믿음이 있는 아브라함과 함께 복을 받느니라"(갈 3:7, 9).

그러므로 나의 마음은 세계를 향해 있다.

"여호수아가 다시 요셉의 족속 곧 에브라임과 므낫세에게 일러 가로되 너는 '큰 민족'이요 '큰 권능'이 있은즉 한 분깃만 가질 것이 아니라 그 산지도 네 것이 되리니 비록 '삼림이라도 네가 개척하라' 그 끝까지 네 것이 되리라 가나안 사람이 비록 철병거를 가졌고 강할지라도 '네가 능히 그를 쫓아내리라'"(수 17:17-18).

우리 주님은 선교사인 내 마음의 내적 마인드(내공)에 이미 세 가지 권능을 주셨다. 첫째로 개척자인 선교사의 마음에 '큰 민족'을 주셨다. 둘째로 '큰 권능'을 주셨다. 셋째로 원수 마귀의 적진을 박살 내는 '큰 승리'를 이미 주셨다.

주님의 지상명령으로 김 선교사는 성령의 작은 불꽃이 되어 야전기지인 선교지 필드 '라틴아메리카의 파리인 아르헨티나'에서 2020년 2월 현재 미션 전략·전술을 펴고 있다.

  큰 불길도 처음에는 아주 작은 불꽃으로 시작한다. 아르헨티나 450만의 도시 La Matanza 시에 아무 연고도 없는 골짜기와 같은 Rafael Castillo의 AV. Cristiania 931에 현지인 개척교회 임마누엘교회(선교의 베이스)가 탄생했다. 한국에 '맨땅에 헤딩한다'는 말이 있다. 나는 원주민들의 교회를 개척하여 세우며 재생산으로 선교하고 있는 중이다. 주님의 성령이 지명하여 세워진 임마누엘(EMANUEL)교회이다. 교회가 세워진 파워는 순전히 성령의 강권적인 능력의 역사하심이었다.

  핵잠수함과 항공모함으로 적진을 파괴하려면, 전략과 전술을 펼치기 위해 본부기지가 필요하다. EMANUEL(임마누엘) 개척교회는 아르헨티나와 라틴아메리카 선교의 전략, 전술의 베이스캠프 기지로 일어선 것이다. 그리고 미션 전략기지의 구심점이 된다.

  임마누엘 현지인교회가 개척되어 세워지고 20년 동안 어마어마한

숫자가 이 교회에 와서 복음을 들었다. 선교하는 원주민 교회는 어린이들과 청소년들과 불우이웃들, 노인들을 향한 행사를 계속하고 있다. 임마누엘교회를 통하여 천국복음을 듣고 등록한 수는 자그마치 7,300명이 넘는다. 지금도 계속 몰려오고 있고, 그리고 주님이 오실 때까지 계속될 것이다. 이 교회를 중심으로 동서남북으로 20만의 시민들이 살고 있다. 그들에게 임마누엘교회를 통하여 계속 생명의 복음이 선포되고 있다.

임마누엘교회의 첫 선교사역은 어린이 선교에 포커스를 맞추었다. 계속 어린이 초청잔치로 사역의 열기를 뿜어 댔다.

'Hora Feliz!' 어린이들이 몰려오니 청소년들이 오고, 그 부모들이 오기 시작했다. 청소년 임마누엘 축구팀이 생겨나고 선교의 열기는 더욱더 뜨거웠다.

나는 주님 안에서 온 가슴으로, 온 마음으로, 온몸으로 어린이들을 무척 사랑한다. 세상의 언어로 표현하면 미칠 정도로 사랑한다. 고아 같은 사무엘 어린이가 교회에 출석했다. 사무엘이 이웃의 아이들을 많이 전도했다. 이 어린이는 영적으로 우리 개척교회의 아름다운 꽃 같은 어린이였다.

임마누엘교회에서 어린아이들 천국잔치를 매 주일 열다시피 하였다. 빈민촌 아이들이 몰려오면 어린아이들 머리에서 지린내(썩는 냄새)가 막 난다. 처음에는 구역질도 했다. 너무도 고통스러워서 성령님께 특별히 요청기도를 했다. 그러자 '놀라운 미라클'이 임했다. 배설물 같은 오줌 냄새 같은 지린 냄새가 '향기로운 냄새'로 변한 것이다.

지금 우리 교회는 재생산되어 선교하는 건강한 교회로 성장하고 있다. 주님은 임마누엘교회에 3층 교회를 선물로 주셨다. 바울목회자 훈련을 할 때면 임마누엘 성도들이 동원되어 참여한 현지인 목사님들에게 맛있는 식사를 제공한다.

임마누엘교회 선교 베이스캠프 기지를 통하여 1,300킬로미터 떨어진 광야 정글 지역(소금이 지면에 올라오는 척박한 땅)의 열악한 환경에 사는 인디오들에게 복음이 전파되고 있다. 그들은 영적으로 초토화된 메마른 광야에서 살아가고 있다. 약 20,000명의 키츄아인의 영혼 구원을 위하여 선교사역을 한다. 미션의 사역 정신은 현지 목회자를 세워서(코디네이터) 개척교회를 세우고, 리더들로 하여금 스스로 교회를 세우도록 하는 재생산 사역이었다. 우리의 전략은 적중했다. 결과로 8개 지역교회가 건강하게 일어섰다.

내가 개척한 임마누엘교회 성도들과 함께 계절별로 단기선교로 이 광야 정글을 선교하면 2,500-3,000명 이상에게 복음을 전하고, 8개 교회가 부흥한다. 한국 선교사가 세운 임마누엘교회는 성장하여, 재생산되었다. 선교사가 세운 교회가 또한 선교하는 교회가 되었다. 주님의 최후 지상명령을 이루어 드리는 선교하는 교회가 된 것이다. 메마른 가시나무들이 정글을 이루는 척박한 소금 땅에 사는 키츄아 인디오들에게 복음을 전하는 임마누엘교회 단기선교 팀은 아르헨티나 성도들이다. 향후 짧게는 1년, 3년, 5년의 전략과 전술의 선명한 그림을 그리고 미션으로 작품을 이루는 교회가 되었다. 길게는 10년, 20년, 30년의 전략적 그림을 그리는 교회이다.

이제는 라틴아메리카 전체의 그림을 그리는 전략을 펴가고 있다. 그 증거로 '작은 불들을 모아 큰 불을 일으키자는 전략'으로 시너지 선교를 하고 있다. 그 하나가 어린이와 청소년 사역이다. 주일학교에서 어린이와 청소년 영웅들을 깨우자. 선교의 임팩트 에너지를 총동원하여 이들을 일으키라. 라이즈 업!

교회가 선교한다(시너지 선교)

내가 20년 전에 개척하여 선교사역하는 임마누엘교회는 7월 19일부터 7월 26일까지 우리 교회에서 1,300킬로미터 떨어진 광야마을 키츄아 부족 단기선교를 담당하고 왔다. 임마누엘 현지인 교회 단기선교팀 11명과 한국 로컬처치 교회에서 파견된 단기선교팀 8명과 함께 말 그대로 '시너지 선교'를 하고 돌아온 것이다.

아르헨티나의 현지인 임마누엘교회와 한국 로컬처치 교회와 연합으로 이루어진 시너지 선교이다. 그야말로 시스템과 시스템의 만남으로 불꽃 튀는 축제의 영적 전투였다. 선교사역은 광야 정글 같은 8개 지역을 강행군하며 약 2,000여 명의 키츄아 부족에게 다양한 사역, 즉 찬양으로, 복음요술로, 연극으로, 어린이·청소년 사역으로, 구제사역으로, 라디오 방송으로, 영화사역과 말씀사역으로 능력의 천국복음을 증거했다.

20년 전 임마누엘교회 Raul 집사의 어머니(Domonga, 현재 93세)의 병환으로 1,300킬로미터를 달려 환자 심방을 갔다가 키츄아 부족을 만난 것이 광야선교를 시작하는 계기가 되었다. 라울의 어머니는 키츄아 부족이다. 키츄아 8개 광야마을에 주님의 교회가 개척되고 건축되어 가며, 건강

하게 성장해 가고 있다.

'키츄아 인디오 부족을 위한 기도'로 광야교회의 자원으로 지금 Namby 지역에 키츄아 부족 교회가 건축 중에 있다. 앞으로 이 교회 건축에 필요한 것들이 많다. 기도의 지원을 요청한다. 그리고 9천 불 정도의 자원이 요청된다.

🌱 라틴아메리카의 선교의 불기둥

시너지 선교 전략·전술에서 '시너지'(synergy)의 어원이 그리스어 '수너고스'(sunergos)로 '함께 일하다, 협력'이라는 뜻이다.

말 한 마리는 4톤 정도의 무게를 끄는데, 두 마리가 힘을 합하면 '상승작용'을 일으켜 22톤을 끌 수 있다. 백지장도 맞들면 방패로 쓸 수 있다는 말이 있다. 사람의 두뇌는 약 100억 개의 신경세포 뉴런(neuron)이 끊임없이 결합하면서 시너지 효과를 일으킨다고 한다. 이 두뇌가 성령의 능력을 힘입고, 제2, 3의 협력자의 두뇌를 만난다면 '폭발적인 상승효과 시너지 선교'를 기대할 수 있다.

선교지 미션 필드에서의 초교파적 선교 시스템의 모범을 통해 전략기지인 한국 교회들이 도전을 받았으면 하는 바람이다. 지금까지 교회는 끊임없이 분열에 분열을 거듭하고 있다. 전략적이고 규모 있는 선교사역을 펼치기 위해서 개인주의, 개교회주의에서 벗어나 이제는 비전을 공유하는 글로벌선교 네트워크 구축을 본격화해야 할 것이다.

각개전투 시대는 이미 지났다. 우리 교단과 타 교단이 더 이상 경쟁의 관계가 아니라 협력의 관계로, 서로 견제하고 아웅다웅 다투고 싸우는 대립의 관계가 아니라, 성령님이 기뻐하시는 연합군을 만들어 '영적 전쟁'을 함께 해나가야 할 것이다. 하나로 뭉쳐 연합하는 시너지 선교사역으로 극대화하여, 마귀가 대량으로 지옥으로 영혼들을 끌고 가는 이때에 뉴 패러다임 시너지 선교로 영적 대전쟁을 일으켜서 많은 주의 백성들을 천국으로 입성시켜야 한다.

'어린이 선교사역'의 중요성으로 4세에서 14세 교육의 중요성을 깨워 주는 '4/14 window'가 열렸다. 18억 5천만의 어린이를 살리자는 구조운동이 일어나고 있다. 나는 그 정보들을 띄우고자 한다. 어린 영혼들을 유린하는 짐승에게서 구조하라. 21세기 이 시대의 선교 마인드 레드오션을 블루오션으로 바꾸라고 권하고 싶다.

경쟁으로 이미 피로 물든 경쟁 지역을 레드오션이라고 한다. 지금 교회들은 전도할 생각은 하지 않고 일꾼들을 빼내 가는 추수전도에만 관심이 있다. 다음 세대 아이들을 구원하는 블루오션 선교를 해야 한다. 우선 성과 위주, 실적 위주의 선교에 집착하다 보니 서로가 경쟁에 몰두하고 있다. 경쟁자 없는 신시장(新市場) 창출이라는 매력적인 캐치프레이즈로 새로운 경영의 패러다임을 제시한 것이 블루오션이다.

어린이들을 복음과 생명의 말씀으로 인격을 잘 키워 주어야 한다. 유대인 어머니들의 교육관, 교육열은 대단하다. 그래서 그들은 세계를 정복할 인격을 갖추게 된 것이다. 인격은 이스라엘 언어로 '카일'이다. 그 뜻은 '힘'(power), '재산'(wealth), '능력'(strenght)이다. '인격이 인생의 힘이 되고 자산이 되면 모든 것을 가능케 하는 능력이 된다'는 뜻이 포함된 단어이다.

아르헨티나도 양 도둑놈이 있다고 목사님들이 말들을 한다. 아르헨티나 목사님들도 제일 싫어하는 도둑놈이다. 자기 교회 양 떼를 빼내어 가면 저주까지 하기도 한다. 선교에서 영적으로 치열한 전쟁 전략이 없는 작전은 산발적이고, 중복적이며, 낭비가 심하다. 한곳으로 힘을 모으지 못하는 각개전투로는 힘이 없다. 그러므로 선교나 교회는 '패밀리 개념', '킹덤 개념'이 필요하다. 경계나 경쟁이 아닌 협력의 관계로 나아가야 한다. 어느 한 교회가 문제가 생겨 문을 닫는다고 이웃 교회가 웃고 있다면 어찌되겠는가? 교파주의, 교권주의는 미래가 없다.

공산주의, 이슬람, 가톨릭의 전략과 전술은 50-100년을 멀리 본다. 20-30년을 미리 내다본다. 유년기, 소년기에 집중 교육과 집중 투자를 통해 조직의 목적을 이룬다는 것은 이미 잘 알려진 사실이다. 이슬람은 학교를 통해 가난한 나라의 아이를 이슬람 교인으로 만든다. 그 아이들이 성장하여 20-30년이 지나면 전체 나라를 이슬람화하는 전략을 사용한다. 유럽의 이슬람인은 1,680만 명이다. 프랑스에 400만 명이 있는데 파리만 해도 100만 명이라고 한다. 독일도 300만 명이라고 한다. 독일이 유럽으로 통하는 이슬람의 관문이 되었다.

매주 한 개 이상의 이슬람 사원이 세워지고 있다고 한다. 영국에서만 150만 명이 모이고 있다. 런던에만 무슬림이 50만 명이 있는데 이슬람 사원이 1,800개나 된다. 그리고 코란 학교도 3,000개나 된다고 한다. 유럽이 점점 이슬람화되어 가고 있다는 것은 통탄할 일이 아닐 수 없다. 그들이 어린이들과 청소년들에게 30년을 투자하자 세상이 그들의 수중에 들어갔고, 앞으로도 위험에 놓여 있는 것이다.

기독교는 대안을 제시해야만 한다. 향후 20-30년을 4-14세까지의 어린이와 청소년들 18억 5천만에 대한 본격적인 구조작업에 들어가야 한다고 생각한다. 어린 영혼들을 유린하는 짐승에게서 구조하자!

'4/14 window'의 대표 김남수 목사의 글에 의하면, 방향을 잡고 '매

뉴얼화'해서 이 운동을 확산시켜야 한다. 유명한 목회자 크롬웰은 "화가보다 더 좋은 예술가는 어린이를 변화시키는 교사"라고 말했다. 존 웨슬리는 "우리가 자라나는 어린이들을 돌보지 아니하면 신앙 부흥은 더 이상 지속될 수 없다"라고 지적했다.

"네 어린 자녀를 부지런히 가르치라"(신 6:7)는 말씀은 교육학의 최고의 잠언이다.

"마땅히 행할 길을 아이에게 가르치라 그리하면 늙어도 그것을 떠나지 아니하리라"(잠 22:6).

존 웨슬리의 어머니 수잔은 19명의 자녀를 신앙으로 교육하여 위대하게 쓰임 받는 인물들로 키워 냈다.

성령님의 감동으로 4/14 window의 대표 김남수 목사를 만나게 되었다. 그리고 4/14 window 선교사역은 라틴아메리카의 시너지 선교의 동력이 되었다. 그리고 성령님의 감동으로 '세계기도자학교'의 대표인 최남수 목사님을 만나게 되었다. 아르헨티나와 라틴아메리카에서 11년째 역동적인 미션 임팩트를 행사하는 미션 전략·전술이다. 아르헨티나와 라틴아메리카 선교 시너지 선교사역에서 성령의 불기둥을 이루어 가고 있는 중이다.

선교는 더 이상 평화의 영역에서 존재하는 것이 아니라 영적 전쟁이라고 보아야 한다. 영적인 치열한 전투이다. 선교사는 야전 군인이어야지, 밥벌이를 위해 할 수 없이 나가는 그런 놀이터가 아니라는 것이다.

순교적 각오로 복음을 전하던 사도행전적 초대교회와 같은 초대 한국교회 시절로 되돌아가야 한다. 우리가 주님의 지상명령으로 영적 전쟁을 수행 중이라면 우리 교회는 유람선이 아니라 전투하는 항공모함과 같다. 선교도 마찬가지이다. 안으로 부패하여 썩어 가는 유람선 같은 선교는 망한다. '전투하는 핵잠수함(항공모함) 선교'로 전략화하여 남과 북아메리카를 미션으로 변화시키자.

'비바 라틴아메리카 선교회'는 아메리카의 '미션 허브'가 되기를 원한다.

🌱 대박 '남미대륙에서 북미대륙, 스페인까지의 세계선교'

'세계기도자학교' 선교사역을 아르헨티나에 펼쳐서 7,000명의 기도자가 일어났다. 그리고 우루과이로, 칠레로 불길이 옮겨갔다. '세계기도자학교' 선교사역은 아르헨티나와 라틴아메리카의 취약점 중에 하나님 말씀의 메마름을 기도와 함께 채워 주는 엄청나게 파워풀한 미션사역이다. '세계기도자학교' 선교사역은 과거의 남미, 라틴아메리카가 말씀의 메마름으로 도래한 '해방신학과 신비주의, 빈야드 등'에 다시는 넘어지지 않게 하는 전략이다. 라틴아메리카 교회들은 과거의 실패를 되풀이해서는 절대로 안 된다. 그 대안이 바로 '세계기도자학교'이다.

'세계기도자학교'가 들어가는 교회가 건강해진다. 성장하는 교회가 된다. 죽은 교회가 살아난다. 선교하는 교회가 된다. 라틴아메리카 교회의 내적인 성장으로 목회자가 건강해진다. 리더가 건강해진다. 성도들이 건강해진다. '세계기도자학교'는 신비적인 기적의 무브먼트가 아니다. '세계기도자학교'는 기도정상대회를 하는 동시에 말씀을 깊이 심어 준다. 그러므로 '세계기도자학교'는 '세계말씀학교'이기도 하다.

이제부터 너를 '기도자'로 세우리라. 개인기도를 넘어가라. 개교회의 기도를 넘어가라. 이제 너의 기도로 민족을 살려라. 이제 너의 기도를 민족을 향하여 흘려보내라. '기도자학교'를 세워라. 기도를 가르치는 신학교가 어디 있느냐? '기도자학교'를 통해서 기도를 가르쳐라. '기도자학교'를 통해서 기도하는 사람을 만들어라. '기도자학교'를 통해서 기도자를 만들어라. '기도자학교'를 통해서 기도 사명자를 만들어라. '기도자 7000'을 세워라. '기도자 7000'이 민족의 쓴 뿌리를 뽑아낼 것이다. 해결할 것이다. '기도자 7000'이 민족 재앙의 근본 원인을 뿌리까지 뽑아낼 것이다. 해결할 것이다. 교회마다 '기도자 7000'을 세워라. 민족마다 '기도자 7000'을 세워라.

세계기도자학교의 일곱 핵심은 다음과 같다. ① 세계지도자학교로 나라와 민족과 교회들과 개인 가정들의 재앙을 막는다. ② 건강하지 않은 병든 영성의 목회자와 교회를 건강한 영성의 목회자와 교회로 세운다. ③ 작은 불들을 모아 큰 불을 일으키는 시너지 전략·전술 선교사역이다. ④ 세계기도자학교로 인하여 주님의 지상명령인 세계선교를 이루게 한다. ⑤ 각 나라마다 7,000의 기도자를 세운다. ⑥ 세계기도자학교로 전투하는 지상교회가 복음을 선교로 승리하게 한다. ⑦ 여기서 얻어지는 결과로 오직 하나님께, 오직 예수님께, 오직 성령님께만 영광 돌리게 한다.

🌱 라틴아메리카 대박 선교로 얻어지는 결과들

야전기지의 선교사는 영적인 미션 전투를 다 마치면 기지를, 일터를 모두 현지인, 원주민들에게 주고 떠나야 한다. 그래서 나도 15년 선교목회를 하고 나서, 자연스럽게 현지인 법인체인 기독교교회(Bautista) 단체의 멤버십이 되고, 개척한 임마누엘교회를 건강하게 이양했다. 지금은 아르헨티나 현지인 목회자가 목회를 하고 있다. 나는 시니어 선교사로서 작은 롤 모델이라도 되고 싶은 심정이다.

내가 개척한 임마누엘교회에서 이제는 기도 파송 선교사로서 라틴아메리카의 선교사역을 감당하도록 기도로 서포트하고 있다. 그러므로 나는 한국에서도 파송 선교사이지만, 또한 개척한 임마누엘교회에서도 기도 파송 선교사이다.

2019년 10월 마지막 주일 임마누엘교회 창립 20주년을 맞아서, 나는 한국에 체류 중이라 창립기념일에 참석하지 못하는 관계로 대신 스페인어로 축하 메시지를 만들어 유튜브로 영상편지(YouTube: Viva Iglesia Emanuel en Argentina)를 보냈다. 그리고 성도들에게도 'WhatsApp' SNS를 통해 메시지를 보낸다. 이제는 선교사가 어디에 있어도 영상편지나 영상메시지 전달이 가능하다. 우리 선교사들은 참으로 엄청난 축복의 시대에 살고 있다. 가슴에 선교의 불길만 타오른다면 얼마든지 선교사역을 효과적으로 규모 있게 할 수 있다.

이렇게 나는 개척한 교회와도 좋은 관계로 남미와 중미와 북미에서 선교사역을 계속하는 중이다. 선교사가 선교지 필드에서 지나가면 원주민 교회들이 건강하게 일어나야 한다.

2020년 21세기는 글로벌한 유튜버들의 시대요, 인공지능 시대요, 광케이블 빅데이터 시대이다. 지금도 사탄 마귀는 인류를 대량으로 지옥으로 끌고 가고 있다. 이때에 라틴아메리카 대륙선교의 새 지평을 열어 주신 하나님께 감사를 드린다. 넓혀서 세계선교의 전략·전술을 펴서 속히 땅 끝까지 복음을 전해야만 한다. 대량으로 천국백성을 일으켜야 한다. 바울이 서바나까지 간 것처럼 이 복음이 스페인까지 갈 것이다.

"이제는 이 지방에 일할 곳이 없고 또 여러 해 전부터 언제든지 '서바나'로 갈 때에 너희에게 가기를 바라고 있었으니…그러므로 내가 이 일을 마치고 이 열매를 그들에게 확증한 후에 너희에게 들렀다가 '서바나'로 가리라"(롬 15:23, 28).

서바나는 스페인이다. 스페인은 황금을 찾아 남미 최남단 아르헨티나까지 왔지만, 우리는 생명의 구원의 복음을 들고 스페인까지 역동적으로 갈 것이다.

2016년 한국에서 세계기도자학교 기도정상대회 때에 라틴아메리카에서 불 그릇들이 한국에 초청되었다. 아르헨티나에서 6명, 칠레에서 2명, 우루과이에서 1명, 브라질에서 3명, 볼리비아에서 1명, 그리고 콜롬비아에서, 과테말라에서, 멕시코에서, 엘살바도르에서, 미국에서, 캐나다에서, 스페인에서 초청이 되었다. 예수님께서 이 땅에 불을 던지러 왔다고 하셨다(눅 12:49 - "내가 불을 땅에 던지러 왔노니 이 불이 이미 붙었으면 내가 무엇을 원하리요"). 유럽 나라들에서 핵심적인 목회자들이 동원되고, 아프리카에서 핵심 헤드급 목회자들이 동원되고, 아시아권에서도 동원되고, 라틴아메리카에서도 한국에서 불을 담아 갈 수 있는 불 그릇들이 동원되었다. 그리고 큰 은혜와 도전을 받고 각 나라에 돌아가서 주님과 함께 불을 던진다. 각 나라에 7,000의 기도자들을 일으킨다. 엄청난 미션 사역이다.

2020년 1월 22일 현재, 2020년 9월 세계기도자학교 기도정상대회에 참석하기 위해 라틴아메리카에서 이미 16개국 각 나라의 영적 헤드급 라틴아메리카 목회자들이 신청을 마쳤다. 이 나라들의 이름은 아르헨티나, 칠레, 우루과이, 페루, 베네수엘라, 파라과이, 콜롬비아, 브라질, 파나마, 니카라과, 과테말라, 엘살바도르, 코스타리카, 도미니카, 멕시코, 미국이다. 그리고 쿠바 등 기타 나라들에서도 참여할 예정이다.

북아메리카 미국에 라틴아메리카 사람들 5,400만 명이 살고 있다. 이들을 향한 전술도 펼칠 것이다.

우리의 미션 액션 실행의 선명한 목적은, 아메리카에 있는 라틴아메리카 목회자들과 라틴아메리카 교회들이 이 마지막 21세기 시대(new generation)에 중동 지역 이슬람권과 힌두교권을 선교하는 마지막 주자(last runners)로 일하게 하는 것이다. 그것이 그들의 사명이라고 믿는다.

지금도 아르헨티나에서, 브라질에서, 멕시코에서, 라틴아메리카 각 나라에서 이슬람 회교권으로, 힌두교권으로 라틴계 선교사들(평신도 선교사, 목회자 선교사)이 들어가서 미션을 실행하는 중이다. 라틴계 사람들은 얼굴 모습도 이슬람권 사람들과 비슷하고, 생명적으로 생각하는 친구의 개념도 비슷하다. 그리고 낙천적이고, 열정적이다.

우리의 아메리카 동원선교 콘셉트는 아르헨티나에서부터 캐나다까지 아메리카 각 나라의 영적 헤드 목회자들, 즉 한국에서 능력의 불을 담아 갈 수 있는 그릇들을 초청하여, 라틴아메리카 대륙에 불을 던져서 대륙을 살리게 하는 '시너지 미션 핵심 전략·전술'이다.

주님은 엄청난 라틴아메리카 목회자 인맥들을 우리 미션 동원 사역에 붙여 주셨다. 그리고 보내 주셨다. 성령님은 지금도 우리와 함께 일하신다. 이 모든 미션 사역을 한마디로 표현하면 '기적'이다. 또 하나, '최남수 목사님이 시무하시는 의정부 광명교회에서 이 거대한 미션 사역을 위해 엄청난 물적 자원, 인맥적 자원을 준비하는 모든 것이 기적'이다. 오직 하나님 나라의 영광을 위하여, 세계 70여 개국에서 세계기도정상대회에 참석하는 각 나라 100여 명의 목회자들을 예수님처럼 섬기는 것도 기적이다.

2020년 3월 23일 멕시코로 입국하여 과테말라, 니카라과, 엘살바도르, 파나마, 콜롬비아, 베네수엘라의 사역이 벌써 잡혀 있다. 라틴아메리카 전략·전술 선교의 앞길에 '의로운 태양'이 떠올라서, '치유의 광선'이 성령의 불길과 함께 임할 것이다.

　남아메리카 아르헨티나 선교를 시작으로 북아메리카까지, 라틴아메리카로 새 지평을 넓히고 선교사역을 확장시키고 감당하게 하시는 우리 성령님께 모든 영광과 감사와 찬송을 올려 드립니다.

| 감사의 글 |

우리 가정을 남미 아르헨티나로 파송한 총회 세계선교회(G.M.S), 미주한인예수교장로회(KAPC) 총회와 아메리카를 선교할 수 있도록 강력한 힘이 되어 주신 파송 교회 개명교회, 김도경 목사님, 광명교회 World Prayer School(W.P.S) 최남수 목사님, 그리고 총회 산하 중경기노회와 4-14 Windows New Generation 뉴욕의 프라미스 교회 김남수 목사님께 감사를 드립니다.

특별히 모든 후원 교회들과 후원 목장들, 그리고 개인 후원자들에게 감사를 드립니다.

아메리카 선교를 마음에 품고, 어머니처럼 성령의 불같은 사랑의 마인드로 아메리카 영혼들의 구원을 위해 모든 사랑의 손길, 기도의 손길과 자원으로 돕는 손길 위에, 살아 계신 주님이 주시는 선교의 엄청난 상급들이 쏟아지는 폭포수처럼 또 흘러넘치는 생수의 강처럼 넘쳐나기를 축복합니다.

지금까지 야전기지에서 선교사역을 잘 감당하도록 전적으로 지원(support)하고 전략가처럼 수고한 아내 임성옥 선교사와 광야 오지를 누비며 찬양과 반주로 미션 필드에서 수고한 딸 김평화와 사위 다니엘 김에게 감사합니다.

그리고 《비바! 아메리카 선교》 책을 집필하도록 아낌없는 사랑과 기도로, 자원으로 지원하신 모든 기도의 동역자들과 김영애 권사님과 쿰란출판사, 끝으로 '비바! 아메리카선교회'의 지체들(한국, 아메리카)에게 감사를 드립니다. 할렐루야!

| 책을 마무리하며 |

선교사의 자녀 MK를 축복하시는 하나님

김기선 선교사의 딸 김평화 집사는 1996년 8세의 나이로 선교사인 부모님을 따라 남미 아르헨티나로 들어가서 힘든 고생을 다 하고 개척교회부터 목회자 훈련, 인디오 선교까지 키보드를 치며 선교를 도왔다. 김평화 집사는 35세가 되어 지금은 결혼해서 아들과 딸을 둔 엄마가 되었다. 하나님은 선교사의 자녀 MK를 축복하고 책임지신다. 스페인어권 아르헨티나에서 음악학교 교수로 몇 년 동안 재직했다. 지금은 호주에서 음악 활동을 하면서 2025년에는 영어권 중, 고등학교 음악 교사로 재직하고 있다. 부모의 선교를 돕던 딸에게 큰 복을 주신 성령 하나님께 모든 영광을 돌리며 감사드린다.

부강한 북아메리카와 가난한 라틴아메리카 대륙의 탄생 이야기

17세기 초, 영국 청교도들이 종교적 박해를 피해 신앙의 자유를 찾아 북아메리카 미국 신대륙으로 향했다. 1620년, 메이플라워호를 타고

66일간의 험난한 항해 끝에 현재의 미국 플리머스에 도착한 그들은, 혹독한 겨울과 질병으로 인구의 절반 이상을 잃었지만, 남은 이들은 인디언의 도움을 받아 농사를 짓고 정착에 성공했다. 그들은 신앙을 중심으로 한 공동체를 세우며, 교육과 자치적인 정치 체제를 구축했다. 청교도 정신은 미국의 정신적 기초이자 반석이 되었다. 미국은 부강한 나라가 되었으며 세계 경찰 국가가 되었다.

반면 16세기 초 스페인의 정복자들이 황금을 찾아 중남미 라틴아메리카로 향했다. 스페인 군대를 이끈 에르난 코르테스를 비롯한 콘키스타도르 등은 아즈텍, 잉카 등 거대한 제국을 무력으로 정복하고, 원주민을 학살하며 그들의 자원을 착취했다. 이 과정에서 원주민 사회는 파괴되었고, 스페인은 막대한 부를 얻었지만, 중남미 지역은 식민 지배와 자원 착취로 인해 경제적 불평등과 빈곤이 극심한 나라들이 되었다.

위의 두 역사는 북미와 중남미 라틴아메리카 대륙의 상반된 발전 경로를 보여 준다. 신앙과 공동체를 중시하며 자립 사회를 구축한 북미의 청교도들은 북아메리카 미국의 번영에 기여한 반면, 자원 착취와 식민 지배를 통해 부를 추구한 스페인 정복자들은 라틴아메리카의 빈곤과 불평등의 씨앗을 남겼다. 이러한 역사적 사건들은 당시의 복잡한 사회적, 경제적, 문화적 요인들이 복합적으로 작용한 결과이다. 라틴아메리카 기독교 교회들은 이러한 열악한 사회적, 경제적, 문화적 요인 속에서도 불같이 일어나 복음으로 세계 선교의 비전과 꿈을 가지고 당당하게 일어나고 있다.

오토바이 2인조 권총 강도가 김 선교사를 덮치다

2022년 5월 4일 오전 10시 40분경 숙소를 나가서 800미터 현지인 EL SEÑOR JEHOVA교회 앞 Zona 7 국도 길거리에서 권총으로 무장한 2인조 오토바이 강도가 선교하면서 걷고 있는 나에게 접근해서 갑자기 오른쪽 머리에 권총을 대고 위협하고 권총 개머리판으로 머리 오른쪽 둔부를 강하게 가격하고 쓰러지는 사이에 손에 든 휴대폰을 강탈했다. 당시 머리는 부은 상태였고 국제 면허증과 신용카드도 강탈당했다. 다행히 그 시간에 국도를 지나는 차들이 와서 여권은 강탈당하지 않았다. 피를 흘리지 않았고, 총탄을 발사하지 않아 생명에는 지장이 없음에 하나님께 감사했다. 갑자기 휴대폰이 없어져서 연락할 길이 막연했다. 과테말라 한인교회 부목사님의 도움으로 비상시 사용할 수 있는 휴대폰을 구입해서 다시 카톡 메신저를 깔아 한국에 연락하였다. 이틀이 지난 후 안정이 되어 2022년 5월 6일 지방도시인 Zacapa 시에서 세계기도자학교 선교 사역을 하나님의 은혜 가운데 무사히 마쳤다.

라틴아메리카 선교 사역을 막는 병마

2023년 2월 23일 차병원에서 건강 종합검사를 받았다. CT 촬영 결과 뇌동맥류 진단을 받았다. 너무도 황당하고 놀라서 할 말을 잃었다. 2월 24일 병원에서 전화가 와서 병명을 알게 된 것이다. 차병원에서는 다시 내원하여 급히 MRI를 찍고 정밀 검사를 받으라고 하였다. 그래서 병원에 전화했는데 신경외과 의사들이 금요일에는 근무를 안 한다고 했다. 토요일도 일요일도 일을 안 한다고 했다. 결국 병원 예약을 할 수가 없었다. 나는 금요일에 기도의 산에 올라가 아내와 함께 눈물로 기도했다. 믿음으로 강하게 기도했다.

"주님, 저는 3월 1일 중미 과테말라로 입국해야만 합니다. 하나님이 치료해 주세요. 지금 치유의 기적을 보여 주세요. 저는 베네수엘라로, 콜롬비아로 선교를 위해 가야만 합니다."

그런데 기도 중에 성령님은 안심하라는 응답을 주셨다. 토요일에 마음속에서 영적 전쟁이 시작되었다. 육신의 소리가 들려왔다. 마귀는 "죽을병이다. 뇌 혈관에서 피가 터지면 너는 갑자기 죽을 것이다. 비행기를 타고 미국으로, 라틴아메리카 중남미로 가는 도중에 기내에서 혈압이 올라가면 죽을 것이다"라고 하면서 나를 약하게 만들었다. 그러나 믿음으로 성령의 기도로 쟁투했다. 마음과 생각으로 영적인 절박한 싸움을 했다. 결국 믿음으로 승리했다. "반드시 내가 너를 치료하리라."

이어 일요일은 가정에서 유튜브 예배를 드렸다. "반드시 치료되리라." 성령이 주님의 손으로 나를 죽음의 병에서 살려주시리라 믿었다. 월요일 오후 3시 병원으로 달려갔다. 의사는 정밀 검사를 해야 한다고 했다. 뇌동맥 혈관 MRI를 촬영하고 2시간 후 결과를 보는데 의사가 말했다. "이상하다. 뇌동맥류가 어디 갔지? 정상입니다." 나와 아내는 춤출듯이 기뻤다. 하나님께 감사했다. 나는 무사히 선교지로 돌아갔다. 할렐루야!

세계기도자학교 과테말라 선교 현장

라틴아메리카 중미 과테말라는 기독교인이 약 50%이다. 그러므로 과테말라는 세계기도자학교 선교 전략을 펼쳐 갈 수 있는 라틴아메리카의 선교 전략기지이다. 과테말라는 라틴아메리카 선교를 위한 핵심 전략 기지이다. 과테말라의 코

디네이터는 마르코(Marco) 목사이다. 그는 모범적인 리더로 세계기도자학교로 교회를 500명이 넘도록 부흥시켰다. 그는 세계기도자학교 사역에 올인하는 지도자이다. 과테말라 18개 지방 도시를 돌며 각 지방에 세계기도자학교 리더들을 세우는 일에 전력을 다한다. 담임하는 여호와 삼마 교회 성도들도 헌신적으로 세계기도자학교 사역에 몸과 마음과 힘을 다해 섬긴다. 세계기도자학교에 필요한 자원(도로비, 연료비, 숙식비)을 교회에서 제공한다. 그리고 세계기도자학교 팀들에게 유니폼을 제공한다. 이 교회는 모범적이고 헌신된 건강한 교회이다. 과

테말라 수도권을 비롯해서 지방 도시까지 18개 도시를 방문하여 세계기도자학교 선교로 점령했다.

코디네이터 마르코 목사와 알리아가와 베이시 목사 등 5명의 스태프와 함께 시너지 선교 사역을 감당하였다. 과테말라 수도에서 출발

해서 지방 도시로 1일 코스 선교 사역, 1박 2일 코스 선교사역, 2박 3일 코스 선교 사역을 할 때는 여호와 삼마 마르코 목사 교회에서 모든 경비(차량 연료비, 식대, 숙소)를 지원했다. 그리고 각 18개 도시에 세계기도자학교 사역을 담당할 리더들을 임명하고 세계기도자학교 아메리카 대

표인 김기선 선교사의 직인(사인)과 과테말라 코디네이터 마르코 목사의 직인(사인)을 한 임명장을 지방 목회자들에게 성도들 앞에서 수여했다.

2022년 6월 22-23일 과테말라 마야 문명의 성지 빼뗀(Peten) 선교 사역을 45도의 불가마 같은 더위 속에서도 은혜롭게 마칠 수 있었다. 알렉스 목사님과 사역을 함께 했다. 빼뗀을 다녀오면서 비행기 안에서 마르코 목사 부부가 코로나에 감염되었다. 코디네이터 마르코 목사 부부는 7일 동안 자가 격리에 들어갔다. 나는 비행기 안에서도 철저히 조심하고 마스크를 항상 하고 있었으므로 코로나에 감염되지 않았다. 선교를 롱런

하려면 건강이 최고다. 나는 매일 아침 습관적으로 아침에 1시간씩 근력 운동(철봉으로 체력 단련)을 해서 몸을 관리한다. '체력은 영력'이라고 했다. 영력을 담고 있는 그릇이 강건해야만 한다. 라틴아메리카를 선교하려면 라틴아메리카의 핵심인 3대 문명(마야 문명, 아즈텍 문명, 잉카 문명)을 간파해야 한다. 중미 과테말라의 마야 문명의 발상지가 바로 이번에 선교를 다녀 온 빼텐이다. 이 지역에 세계기도자학교 리더로 알렉스 목사님 가정을 세웠다.

지방 도시 라디오 방송에 출연하여 과테말라 지방도시인 자다파(Zadapa)와 주변 지방 도시에 전파로 선교하고 이를 통해 세계기도자학교 라틴아메리카 대륙 선교의 방향과 목적, 그로 인해 얻어지는 결과들에 대해 라디오 방송으로 선교사역을 행하였다.

2022년 7월 7일 비가 오는 날에도 우리는 여전히 세계기도자학교 기도선교를 강행하였다. 움직이는 스탭이 5명이다. 우리 선교 일행은 김 선교사와 마르코 목사 부부와 알리아가 목사와 베이시 목사 모두 5명이다. 7월 10일 주일과 11일 월요일 관광지인 아티틀란 화산 호수 토마스 목사 교회에서 세계기도자학교를 시작하였다. 파나하첼 지역 교회 성도들은 성령의 큰 은혜로 감동을 받고 기도로 헌신할 것을 다짐했다.

과테말라는 크리스천이 50%인데도 거리에 강도들이 많다. 과테말라 7번가에서 2022년 3월 장총을 멘 민정 경찰과 인사를 나누고 인증샷을 날렸다. 김 선교사의 숙소 앞과 거리와 매점을 장총을 들고 지키는 무장한 경찰이다. 나의 안전을 위하고, 안전한 선교를 위해서

이 경찰에게 복음을 전하고 친구처럼 지냈다. 세계기도자학교 선교사역이 없을 때는 오전과 오후에 거리 축호 선교로 어린아이들에게 과테말라 7번가 거리에서 복음을 전했다. 선물은 왕 사탕이었다. 왕 사탕을 손에 들려주며 "예수를 믿으세요" 하고 대화를 나누고, 어린아이와 함께하는 형제, 자매, 엄마, 아빠에게도 복음을 증거했다. 팬데믹 기간에도 시간이 있을 때에 이렇게 열정적으로 길거리에서 과테말라 어린이들과 청소년들을 향해 선교하다가 오토바이 2인조 권총 강도를 만나서 권총 개머리판으로 머리를 가격 당하고 휴대폰과 신용카드와 운전면허증 모두 강탈당하였다.

과테말라 코디네이터 마르코 목사를 통하여 중미 멕시코와 파나마 그리고 주변 나라들로 지경을 넓혀 가는 중이다. 과테말라는 라틴아메리카 세계기도자학교 선교 사역의 롤 모델이다. 과테말라 세계기도자학교 선교 팀은 지방 도시를 가든, 이웃 나라를 가든 운전하는 마르코 목사부터 시작하여 운전하면서 기도한다. 연이어서 마르코 목사 아내인 룻(Lut)이 기도한다. 이어서 알리아가(Arriaga) 목사가 기도한다. 이어서 베이시 여자 목사가 기도하고 끝나면 마르코 목사의 아들이 기도한다. 그리고 기도가 끝나면 김 선교사가 기도한다. 이렇게 기도로 출발하여 기도로 도착한다. 과테말라 18개 지방 도시를 선교할 때도 이와 같이 기도한다. 그리고 마르코 목사의 교회 500여 성도들은 줌(Zoom)으로,, 페이스북으로 계속적으로 영상 중보기도 한다. 모든 성도들이 하나가 되어 중보기도로 세계기도자학교 선교 사역이 끝날 때까지 기도로 돕는다. 라틴아메리카 세계기도자학교 선교 사역은 실패할 수가 없다. 날마다 기도로 승리할 수밖에 없다.

섭씨 42가 넘는 찜통더위를 Aposento Alto Tirrases Calle Garita 교회에서 2023년 6월 1-2일 세계기도자학교 선교사역을 했다.

2024년 선교사역은 과테말라 수도권에서 4월 27일 28일 세계기도자학교 선교사역과 5월 17일 18일 멕시코 따파출라 Alejandro 목사 교회에서 기도자학교를 실행했다. 멕시코 사역과 동시에 5월 17-18일과 5월 25-26일까지 과테말라 수도권의 Dietel Lopez 목사 교회에서 Z 21지역 교회에서 기도자학교를 시작해서 은혜롭게 잘 마쳤다. 이곳의 라틴아메리카 목회자들이 금요일까지 각자의 일들을 하기 때문에 토요일에 기도자학교를 실행했다. 멕시코 사역과 동시에 5월 17-18일과 5월 25-26일까지 과테말라 수도권의 Dietel Lopez 목사 교회(Z 21 지역)에서 기도자학교를 시작해서 은혜롭게 잘 마쳤다. 대표적인 기도자학교를 펼치는 과테말라 선교 사역들을 열거하면 과테말라 수도권뿐만 아니라 동서남북으로 과테말라 18개 각 지방도시에 세계기도자학교 리더들을 세우고 전략적으로 선교사역의 결실을 극대화하는 시너지 선교사역으로 과테말라 전 지역을 기도자학교로 선교사역을 하고 있다.

2023년 3월 과테말라 목회자들은 직업을 가지고 목회를 하는 분들이 많다. 그래서 평일 시간이 없기 때문에 특별히 매주 토요일 4주 동안의 라틴 세계기도자학교를 시작하여 성령의 은혜로 졸업생들을 배출한다. 이 졸업생들이 각 교회 지역에서 강사로 활동한다. 과테말라 지방 도시와 수도권 Romen gomez 목사 교회에서 2024년 6월 23일,

Dietel Lopez 목사 교회에서 2024년 7월 11일 은혜 가운데 기도자학교를 마쳤다.

과테말라를 통하여 라틴아메리카 각 나라들에서 7,000명의 기도자가 일어날 것이다. 2025년 5월에도 엘살바도르, 멕시코, 콜롬비아를 선교할 계획이다. 2026년 6월에는 셋째 주에는 중미 과테말라에서 주 강사 최남수 목사님을 초청하여 라틴아메리카 각 나라(아르헨티나에서 캐나다까지)의 목회자들을 초청하여 세계기도자학교 기도서밋 선교 전략, 전술을 펼칠 계획이다.

세계기도자학교 멕시코 선교 현장

2023년 6월 1일에서 6일까지 멕시코 남부 지역 Tapachula로 세계기도자학교 선교사역을 위하여 김 선교사와 마르코 목사 부부와 함께 과테말라에서 멕시코 Tapachula로 5인조 세계기도자학교 선교팀이 자동차로 9시간 국경을 넘어 멕시코로 도착하는 동안 운전하는 마

르코 목사부터 시작하여 운전하면서 기도한다. 연이어서 마르코 목사 아내인 룻(Lut)이 기도한다. 이어서 알리아가(Arriaga) 목사가 기도한다. 이어서 베이시(Beycy) 여자 목사가 기도하고 끝나면 마르코 목사의 아들이 기도한다. 그리고 기도가 끝나면 김 선교사가 기도한다. 이렇게 기도로 출발하여 기도로 도착했다.

    2022년 6월 29일 멕시코 남쪽 Tapachula 선교로 세계 기도자 학교를 2박 3일 강행군했다. 엄청난 성령의 역사가 폭발적으로 넘쳐났다. 축복기도를 통하여 축복과 치유와 회복의 역사가 나타났다.

    2023년은 기적적으로 멕시코 선교를 잘 마쳤다. 멕시코에 세계기도자학교 리더로 세운 Alegandro 목사는 지역을 확대하여 세계기도자학교 선교사역을 통하여 많은 졸업생들을 배출했다. 멕시코 남부에서 출발해서 CanCun 도시로 확산한다. 지금도 7,000명의 기도자가 멕시코에서 일어나고 있다.

세계기도자학교 베네수엘라 선교 현장

베네수엘라는 과테말라인들에게 입국 비자를 잘 주지 않아서 마르코 목사는 베네수엘라 비자를 받기 위해 파나마로 먼저 입국했다. 파나마에서 베네수엘라 입국 비자를 받아서 나와 공항 안에서 만나기로 약속했다. 하나님의 은혜로 마르코 목사는 비자를 받고 나를 기다리고 있었다.

2023년 4월 11일 김 선교사는 베네수엘라에 가기 위해 과테말라에서 출발하여 파나마 공항에 도착해서 마르코 목사와 공항에서 만났다. 공항 대기 중에 베네수엘라 한국 영사 가족을 만났다. 그래서 베네수엘라의 어려운 경제적 상황에 대해서 정보를 들을 수 있었다. 나는 마르코 목사와 함께 베네수엘라 국제공항에 무사히 도착했다. 공항에 도착해서 세관을 통과하는데 세관원이 너무 많은 질문을 하였다. 잘 통과하여 공항 픽업을 나온 베네수엘라 세계기도자학교 리더 오스칼(Oscal) 목사 부부와 함께 기쁨의 인사를 나누고 그의 집에 잘 도착해서 여장을 풀었다.

베네수엘라는 정치, 경제적 어려움으로 인한 치안 부재로 안전을 위해 거리를 다닐 수가 없었다. 4월 11일에 도착해서 18일까지 선교 사역을 했다. 베네수엘라는 경제가 어렵고 힘들어 산유국임에도 주유소에서 기름을 허락한 날짜에만 적당량 팔았다. 그리고 슈퍼마켓에서 파는 생필품 값도 너무 비쌌다. 베네수엘라 세계기도자학교 선교사역으로 3,500명의 목회자, 리더들, 성도들 위에 불같은 성령의 은혜가 넘쳤다.

우리의 선교사역으로 말미암아 지금도 베네수엘라에 7,000명의 기도자가 일어나고 성령의 불바람이 불고 있다. 코로나가 극성을 부리는 상황에서도 줌(Zoom) 세계기도자학교 선교를 통하여 9,000명의 졸업생들을 배출했다. 지금도 베네수엘라에서 7,000명의 기도자가 일어나고 있다.

세계기도자학교 파나마 선교 현장

2022년 5월 24일 김 선교사와 마르코 목사와 함께 항공편으로 과테말라에서 파나마에 입국했다. 세계기도자학교 파나마 리더로 이스마엘 목사를 세웠다. 집회 기도 중에 성령의 기름 부음이 이스마엘 목사 위에 임했다. 그리고 이스마엘 목사는 우리가 파나마 수도권과 지방 도시에서 세계기도자학교 선교사역을 하도록 우리를 인도했다.

그 후에 2023년 6월 29일부터 7월 4일까지 파나마 세계기도자학교 선교사역을 위해 김 선교사를 포함하여 과테말라 6명의 강사가 파나마로 함께 들어갔다. 악한 마귀가 역사해서 너무 힘든 선교사역 일정이었다. 과테말라에서 우리 선교팀 일행이 비행기 탑승 시간 2시간 전에 과테말라 국제공항에 너무 늦게 도착하여 결국 파나마 비행기를 타지

못하였다. 3시간 전에 도착해야만 했다. 이로 인해 편도 항공표를 다시 사야 하는 해프닝이 벌어졌다. 김 선교사는 일찍 도착하여 모든 수속을 다 마치고 기다렸다. 하지만 선교 일행 5명을 기다린 나도 비행기를 타지 못하였다. 과테말라에서 파나마 편도 항공표를 또 사야만 했다. 다행히 마르코 목사 아들이 여행사를 하고 있어서 급히 편도 항공표를 구입해서 어렵게 그다음날에 파나마에 도착할 수 있었다.

이러한 어려운 선교 일정 가운데서도 세계기도자학교 파나마 선교를 통하여 엄청난 성령의 기름 부으심과 은혜가 넘쳤다. 우리는 감격, 감동, 감사하며 하나님께 영광을 돌렸다. 파나마 세계기도자학교 선교 이후에 철저히 비행기 탑승 3시간 전에 공항에 일찍 도착하여 수속하였다.

파나마 세계기도자학교는 파나마 수도권과 지방 도시에서 많은 기도자학교 졸업생들을 배출하였으며 지금도 파나마에서 세계기도자학교 리더인 이스마엘 목사를 중심으로 7,000명의 기도자가 일어나고 있다.

세계기도자학교 콜롬비아 선교 현장

2023년 7월 콜롬비아에 세계기도자학교 선교사역을 실행하기 위해 모든 일정과 항공표와 강사진과 모든 계획들을 마친 상황에서 위기가 찾아왔다. 콜롬비아 지역 주민들과 정부간의 마찰로 시위를 하여 모든 고속도로, 국도, 지방도로가 전면 폐쇄되고 이동이 불가하다고 급하게 연락이 왔다. 이에 우리는 한국 본부에 긴급 특별기도를 부탁하고 특별기도에 들어갔다. 놀랍게도 우리가 콜롬비아에 도착하기 하루 전인 7월 24일 모든 도로 통행이 다시 자유롭게 풀렸다. 기적이 일어난 것이다. 콜롬비아 노동자와 농민들이 총파업 시위로 전국 도로를 점령, 통행 마비가 된 상황에서 콜롬비아 정부가 저들의 요청을 수용함으로써 모든 도로가 열리고 정상으로 돌아갔다.

그래서 김 선교사와 강사 알리아가(Arriaga) 목사는 Colombia 지방도시 Yopal, Casanare에 무사히 도착했다. 2023년 7월 27일부터 8월 1일까지 김 선교사와 알리아가 리더 목사는 세계기도자학교 기도 선교 전략 콜롬비아 리더 엘메르 목사가 담임하는 3,000명 넘게 출석하는 교회와 지방도시 교회에서 200여 명의 목회자들을 초청하여 성령의 감동으로 콜롬비아 목회자들이 엄청난 은혜를 체험하고 큰 감동을 받았다. 엘메르 목사 교회 3,000여 명의 성도들 또한 성령의 불같은 은혜를 받았다. 성령충만으로 세워진 사도행전의 초대교회들처럼 콜롬비아 200여 명의 콜롬비아 목회자들은 세계기도자학교 선교사역을 통해서 개인 비전, 교회 비전, 콜롬비아 나라 비전, 세계 비전에 도전 받고 역사하신 성령의 엄청난 은혜로 감화와 감동을 받고 콜롬비아를 위하여, 라틴아메리카 선교와 세계선교를 위하여 일어났다.

"비바! 콜롬비아(Viva! Colombia)! 살아나라 콜롬비아!"를 외치며 기도 선교 사역을 시작해서 성령의 폭발적인 은혜와 불같은 기름 부으심의 역사로 성황리에 잘 마쳤다. 콜롬비아에 200명이 넘는 강사진을 통하여 콜롬비아에 7,000의 기도자가 지금도 일어나고 있다.

세계기도자학교 아르헨티나 선교 현장

김 선교사는 2011년 8월 16일에서 18일까지 아르헨티나 재아 제일교회 수양관(Camino Gral Belgrano 8736 Berazategui)에서 아르헨티나 목회자들을 동원하여 처음으로 세계기도자학교 선교사역을 시작하였다. 이때부터 라틴아메리카 세계기도자학교는 아르헨티나 지방 도시로 퍼져 나갔다. 대표적인 선교 사역으로 2021년 5월 11일에서 12일까지 아르헨티나 지방도시 산티아고 델 에스테로 Luis 목사 교회에서 Walter 강사 목사와 Luis 강사 목사가 연합해서 세계기도자학교를 실행했다.

그리고 2023년 6월에 아르헨티나 세계기도자학교 왈떼르 코디네이터 목사는 담임하는 Rey de reyes 5,000명 교회에서 기도자 학교를 실행하여 많은 졸업생들을 배출하였다. 왈떼르 목사는 교단의 목회자

들을 동원하여 시너지 세계 기도자학교 선교 사역으로 수도권에서 그리고 지방 도시에서도 세계기도자학교 선교 전략 전술을 나와 함께 펼치고 있다.

김 선교사는 코디네이터 왈떼르 목사와 세계기도자학교 지방도시 강사들과 함께 아르헨티나 수도권과 지방 도시를 돌며 시너지 세계기도자학교 선교 전략 사역을 통하여 7,000의 기도자를 일으켰다. 2,000명 교회, 1,000명 교회, 500명 교회, 300명 교회 심지어는 작은 교회 25명이 참여해도 세계기도자학교를 실행했다. 김 선교사는 세계기도자학교 아메리카 대표로 모범적인 모델이 되려고 매일 3시간, 5시간씩 기도했다. 세계기도자학교는 아르헨티나에서 칠레로, 우루과이, 브라질, 페루, 볼리비아로 지경을 넓혀 나가고 있는 중이며, 아르헨티나뿐만 아니라 남미 각 나라에서 7,000명의 기도자가 일어나고 있다.

세계기도자학교 우루과이 선교 현장

2023년 5월 우루과이 리더 우베르 목사가 이끄는 세계기도자학교가 성령의 은혜와 사랑 가운데 잘 마쳤다. 우루과이 수도권에서 세계기도자학교 선교사역을 마쳤다. 우루과이 우베르 리더는 코로나를 겪으면서도 김 선교사가 참여하지 못해도 스스로 사역을 잘하여 많은

졸업생들을 배출하니 세계기도자학교 아메리카 대표로 선교사역 하면서 큰 보람을 느낀다. 그리고 2024년 11월 기도자학교를 잘 마쳤다. 지금도 우루과이에서 7,000명의 기도자가 계속적으로 일어나고 있다.

책을 마무리하며

2025년 라틴아메리카 세계기도자학교 선교 전략은 계속된다

라틴아메리카 전략 전술은 4중 구도 선교 전략으로 아르헨티나에는 왈떼르(Walter) 목사와 섬기는 교회와 리더들이 아르헨티나와 칠레와 우루과이에서 7,000명의 기도자를 남미 전체 나라들에서 일으키고 있다. 그리고 과테말라는 마르코 목사와 섬기는 교회와 리더들이 과테말라와 멕시코와 파나마와 멕시코, 엘살바도르, 온두라스, 코스타리카, 니카라과 등 주변 나라에서 7,000명의 기도자를 일으키고 있다. 그리고 콜롬비아에는 엘메르(Elmer) 목사가 7,000명의 기도자를 일으키고 있다. 마지막으로 베네수엘라에서 오스칼(Oscal) 목사가 7,000명의 기도자를 일으키고 있다.

미래 라틴아메리카 세계기도자학교 선교사역은 2026년 6월 셋째 주에 라틴아메리카 중남미 전체 각 나라의 목회자들을 과테말라에 초청하여 세계기도자학교 기도 서밋을 할 계획이다. 선교 사역 대상은 1) 과테말라의 수도권 목회자들과 각 지방 목회자들과 중남미 전체 각 나라 목회자들이다. 2) 과테말라에 거주하는 5,000명의 한인 교포들과 한인 목회자들과 한국 선교사들이다.

세계기도자학교 선교로 일어나는 라틴아메리카 교회들의 선교 전략과 비전과 전망

21세기 라틴아메리카 중남미 교회들은 복음으로 일어나고 부흥하고 폭발적으로 성장하여 세계를 살리는 마지막 선교 주자로 일어서고 있다. 지금 라틴아메리카 교회들은 성령의 불길로 일어나서 건강한 교회들로 성장하여 세계 선교 비전을 실행하고 있다,

라틴아메리카 교회들이 불같이 일어나고 있다. 이들은 주님의 마지막 지상 명령을 받들 중동 이슬람 선교와 힌두권과 세계 선교를 향한 마지막 선교 주자가 될 비전과 전망이다. 세계기도자학교 아메리카 대표인 김 선교사는 아르헨티나에서부터 멕시코까지 세계기도자학교 선교 전략 전술을 2025년에도 계속적으로 펼치며 선교 활동을 하고 있다. 왜냐하면 세계기도학교는 라틴아메리카와 세계 선교의 대안이기 때문이다. 이 선교 사역은 21세기 시대적인 사명이다. 라틴아메리카 교회와 목회자들과 리더들을 건강하게 일으키는 대안이다.

목적은 라틴아메리카 각 나라와 세계 각 나라에 7,000명의 기도자를 세우는 것이다. 세계기도자학교로 말미암아 세계 선교를 완성할 것이다. 나의 주요 핵심 선교 전략 전술은 첫째로, 아메리카 세계기도자학교(W.P.S) 4중구도 선교 전략으로 아르헨티나 캠프(왈떼르 목사), 과테말라 캠프(마르코 목사), 콜롬비아 캠프(엘메르 목사), 베네수엘라 캠프(오스칼 목사)를 중심으로 세계기도자학교가 라틴아메리카 각 나라에 7,000명의 기도자를 일으키는 것이다.

둘째로, "아메리카 기도 일상 무브먼트"(Prayer Daily Movement in America)를 온라인으로 시작해 일으키고 있다. 또한 라틴아메리카 다음 세대 기도 무브먼트(Next Generation Prayer Movement America)를 시작하여 라틴아메리카 다음 세대 어린이들, 청소년들, 청년들을 살리는 기도 선교 운동을 펼치는 중이다.

셋째로, O2O(Offline Connection Online) 라틴아메리카 선교 전략으로 온라인 선교 전술로 라틴아메리카 선교를 위해 디지털 미디어와 온라인 플랫폼을 효과적으로 활용하는 유튜버가 되어 계속적으로 유튜브 선교(Viva!Americalatina!), 페이스북 선교, WhatsApp 선교, 줌(Zoom) 선교로 선교를 극대화하고 있다.

이 모든 세계기도자학교 선교 전략과 전술로 말미암아 얻어지는 결과로 라틴아메리카 개신교 교회들은 계속적으로 부흥 성장하고 있다. 그리고 라틴아메리카 선교사들이 많이 일어나고 있다. 지금 많은 교회와 선교 단체들이 새로운 에너지와 열정으로 중동 지역에서 선교하고 있다. 라틴아메리카는 다양한 문화와 역사를 가진 지역으로, 그 다양성은 선교 활동에 새로운 장을 열어주고 있다. 라틴아메리카 개신 교회는 선교의 마지막 주자가 될 당위성을 가지고 있으며, 세계 각지의 미전도 지역으로 복음을 전하는 데 큰 역할을 하고 있다. 라틴아메리카 개신교회의 부흥과 선교 활동은 세계적으로 주목받는 중요한 현상이며, 이를 통해 신앙과 사회가 함께 성장하고 발전할 가능성을 엿볼 수 있다.

라틴아메리카 교회들의 폭발적인 영적인 성장과 부흥은 세계 기독교 교회의 상호 연대와 선교사업의 활성화에 큰 동기부여를 제공하고 있다.

라틴아메리카 개신교회의 선교활동은 세계적으로 주목받고 있다. 라틴아메리카 개신교회가 세계적인 선교의 마지막 주자로 떠오르고 있는 것은 분명한 사실이다. 또한, 디지털 미디어와 온라인 플랫폼을 효과적으로 활용하여 선교사업을 확장하고 있다. 라틴아메리카 개신교회는 세계 선교의 중심지로 자리매김하며, 다른 대륙과의 상호 교류를 통해 세계 기독교사회에 새로운 활력을 불어넣고 있다. 이에 향후 그들의 선교 활동은 점차적으로 교회 성장과 선교활동을 확대하고 디지털 미디어와 온라인 플랫폼을 적극적으로 활용하여 새로운 선교 전략을 구축하고 있다.

세계기도자학교 아메리카 대표로 사역하는 김 선교사의 시너지 선교 전략 전술을 통하여 폭발적인 성령의 불기둥으로 인도하시는 역사가 라틴아메리카 위에 계속될 것이다.

결과적으로 라틴아메리카 교회들은 세계선교 마지막 주자로 주 예수님의 마지막 지상명령인 "땅끝까지 이르러 내 증인이 되라"를 이룰 것이며, 사도행전 28장이 29장으로 계속 써 내려가는 전투하는 라틴아메리카 교회들로 사도행전 즉 성령행전으로 하나님 나라를 세계로 확장하는 글로벌한 세계선교 기적의 역사를 기록하는 마지막 선교 주자가 될 것이다.

이민지 아르헨티나가 파송지로
"중남미 곳곳 7,000명 기도자 세우기 도전"
세계기도자학교 아메리카 대표 김기선 선교사

국민일보 2022.8.31

https://www.kmib.co.kr/article/view.asp?arcid=0924261202

김기선 선교사는 28년 동안 라틴 아메리카 23개 나라를 대상으로 순회하며 교회를 세우는 등 복음전파에 앞장서고 있다. 김 선교사는 기도선교로 부흥을 이뤄내고 있다. 멕시코에서의 기도훈련 모습.

"2022년 5월 4일 오전 10시 40분경 중미 과테말라에서 저는 2인조 오토바이 강도를 만났습니다. 제 머리에 총을 대고 위협하여 핸드폰과 운전면허증, 신용카드를 빼앗기고 권총 개머리판으로 머리를 가격당해 쓰러졌습니다. 다행히 총을 발사하지 않아 생명에 지장이 없어 감사합니다. 테러당하지 않도록 기도 부탁드리며 중남미 영혼 구원사역이 지속되도록 기도 부탁드립니다."

지난 5월 김기선 선교사(64)에게서 온 기도 부탁 내용이다. 하나님께서 사역자를 부르시는 방법은 다양하다. 우리가 전혀 생각할 수 없는 방법으로 부르시고 역사하신다.

김기선 선교사는 아르헨티나에 투자이민을 갔다가 하나님께서 모든 길을 막으시자 하나님께 기도하는 가운데 선교 소명을 받고 사역자로 나섰다. 이후 28년 동안 라틴 아메리카 23개 나라를 대상으로 순회하며 교회를 세우고 현지 사역자들을 세우는 사역을 펼쳐왔다. 특별히 김 선교사는 기도선교를 펼치면서 놀라운 선교 부흥을 이뤄냈다. 의정부 광명교회(최남수 목사) 세계기도자학교(World Prayer School) 아메리카 대표로 파송되어 활동하다가 한국에 들어온 김 선교사를 만나 중남미 사역에 대한 이야기를 들었다.

중남미 나라를 대상으로 사역을 해왔는데, 주로 어디에서 사역을 했나

남미대륙 남쪽 축구의 나라 아르헨티나 수도권 부에노스 아이레스에서 사역했다. 교회개척 사역으로 시작하여 목회자 훈련 사역과 오지의 토착민 선교 사역을 하였다. 1999년 10월 30일에 450만 명이 거주하는 마탄사 시(LA MATANZA)에 처음으로 원주민 대상 임마누엘교회를 개척했다.

"사람이 만일 온 천하를 얻고도 자기 목숨을 잃으면 무엇이 유익하리요"(막 8:36)라는 슬로건을 선포하며 개척 선교 목회를 시작했다. 임마누엘교회가 부흥하여 문화사역, 축구사역, 문서선교, 축호선교, 계절 성경학교, 노인초청잔치로 지역선교 전략을 펼쳤다. 그리고 선교지 지경을 넓혀서 임마누엘교회 성도들을 동원하여 남쪽으로 약 1,800킬로미터 거리에 있는 아르헨티나 안데스산맥 칠레 국경 근교에 거주하는 토착민 마뿌체 인디언 부족 선교를 하였다. 그리고 북쪽 볼리비아 나라 방향으로 1,200킬로미터 거리인 산티아고 델 에스테로에 전기가 없는 오지 정글 마을에 사는 토착민 키츄아 인디오 종족들의 구원을 위해 13년 동안 선교했다. 이 오지 토착민 선교의 열매로 8개 마을 지역의 교회에서 2,500명의 영혼을 구원시켰다.

그리고 성령의 강력한 역사로 라틴아메리카 스페인어권과 아메리

아르헨티나에서의 기도훈련 모습.

카 23개 나라의 선교비전을 받고 12년 전부터 '세계기도자학교'를 통하여 현지인 목회자들과 현지인 교회들을 건강하게 일으키는 기도와 말씀 선교사역을 시작하여 아르헨티나에서 7,000명의 기도자를 세웠다. 그리고 칠레, 우루과이와 중미 과테말라, 파나마, 콜롬비아, 베네수엘라, 멕시코 등의 라틴 아메리카 나라에서 '세계기도자학교' 기도 선교 사역을 펼쳐 왔다.

선교에 대한 소명은 어떻게 받았고 왜 중남미 선교를 하려고 했나

아르헨티나 이민자로서 현지에서 교포로 살면서 하나님의 부르심을 받아 한국에 들어와 총신대학교 신학대학원을 졸업한 후 목사안수를 받고, 세계총회선교회(GMS) 선교사로 파송 받아 다시 아르헨티나 선교사가 되어 들어갔다. 그동안 성령님의 강력한 부르심으로 아르헨티나를 넘어 스페인어권 라틴아메리카 전체를 품고 '세계기도자학교' 기도선교 사역을 펼쳐왔다.

라틴아메리카 목회자들과 교회들의 약점인 말씀 부분을 강화시키는 '세계기도자학교' 사역을 통하여 건강한 목회자들과 건강한 현지인 교회들을 세워주는 사역을 중점적으로 펼쳐왔다. 이제 아르헨티나를 넘어 중남미 각 나라마다 7,000명의 기도자를 세우는 운동을 펼쳐 나가고 있다. 미국 동부, 서부 그리고 캐나다에도 라틴아메리카인들 약 5천3백만 명이 살고 있다. 이들의 교회들과 목회자들을 향해서도 이미 멤피스, 휴스턴, 마이애미, 뉴욕, LA 등 도시로 접근하여 '세계기도자학교' 사역을 라틴아메리카 목회자들과 함께 펼치고 있다.

선교하면서 어려운 점이나 위기는 없었나

선교 초기에 3인조 강도를 만나서 2천 4백만 원 주고 새로 구입한 자동차를 빼앗겨 큰 어려움을 겪은 때도 있다. 개척한 교회에서 1,200킬로미터 떨어진 오지 Namby 마을 선교 때에 선교에 동원된 50여 명의 대원들을 향하여 브레이크가 파열된 덤프트럭이 덮치는 일이 있었다. 놀랍게도 한 명의 사상자도 없이 모두 안전 무사했다. 이 기적의 사건은 나를 더 강력한 선교사로 일으켰다.

20년 전에 아르헨티나 남쪽 마뿌체 종족 선교를 한다고 4,300킬로미터를 혼자 운전하고 갔다가 돌아와서 병에 걸렸다. 이때 비몽사몽 상태에 빠져 고통 속에서 육체가 죽어서 내 영혼이 떠나는 임사체험을 했는데 주님이 나를 십자가의 못 박힌 손으로 직접 만져주셔서 내가 살아나고 죽음의 병에서 완전히 치료되는 신비한 체험도 했다.

가장 기억에 남는 선교활동은 무엇인가

아르헨티나에서 월 300달러 월세를 주고 얻어서 선교하다가 개척 2년 만에 3층 집 교회를 구입해서 예배를 드릴 때의 기쁨이 기억에 남는다. 이때 아르헨티나 경제가 어려워 약 20만 불 건물을 환율 차이로 3만 불에 살 수 있었다. 지금은 15년의 개척교회 선교 목회를 현지인 교회에 건강하게 이양하고 선교지에 임마누엘 선교교회를 세우고 현지 선교사가 양육한 교회에서 라틴아메리카 기도 선교사로 내가 파송을 받을 때 감격의 순간이었다.

그리고 '세계기도자학교' 사역을 아르헨티나에서 시작하면서

3000명 교회, 2000명 교회, 1000명 교회, 500명 교회, 100명 교회, 50명 교회에서 사역했는데, 현지인 교회들과 목회자들을 통해서 기도 선교를 할 때에 얻어진 결과들로 건강한 목회자들이 세워지고, 건강한 교회들이 재생산되어 지속적인 기도사역이 이어지는 것을 보고 너무 감격했다.

그 결과 아르헨티나에서 7,000명의 기도자가 일어났다. 그리고 칠레의 기도 선교사역이 현지에 방송 중계되어 수많은 사람들이 참여하는 것을 보고 엄청 감격했다. 우루과이 기도 선교사역에서는 마귀의 공격으로 차량 유리가 파손되고 경제적인 손해가 있어도 수많은 목회자들이 하나님의 은혜로 성령 충만함을 받는 모습이 지금도 생생하다.

무엇보다도 올해 3월 20일부터 펼쳐진 라틴아메리카 중미 기도 선교사역에서 수많은 현지인 목회자들이 기도와 말씀의 목회를 하겠다고 결단하는 것을 보고 놀랐다. 과테말라 18개 도시의 기도 선교를 통해 각 도시에 디렉터를 세우고, 파나마의 3개 도시와 멕시코 한 지역에서 폭발적인 '세계기도자학교' 기도선교의 부흥이 일어나 놀라웠다.

선교전략으로 준비한 것은 무엇인가

첫째는 라틴 아메리카 아르헨티나에서 멕시코까지 '세계기도자학교' 기도와 말씀 선교를 체계적으로 훈련하는 것이다. 아르헨티나 캠프(왈떼르 목사), 과테말라 캠프(마르꼬 목사), 콜롬비아 캠프(엘메르 목사), 베네수엘라 캠프(오스칼 목사)를 중심으로 라틴 아메리카와

김기산 선교사 부부

북아메리카 '세계기도자학교' 10단계 기도선교와 말씀선교 프로그램으로 라틴 아메리카 복음화를 이루고 있다.

둘째는 '라틴 아메리카 기도 일상 무브먼트(Prayer daily movement in Latino America)'를 온라인으로 시작하는 것이다.

셋째는 '아메리카 다음세대 기도 무브먼트(Next Generation Prayer Movement America)'를 시작하는 것이다. 아메리카 다음세대 어린이들, 청소년들, 청년들을 살리는 기도 선교운동이다.

넷째는 'O2O(Offline connection online)'라는 아메리카 선교전략으로 코로나 팬데믹이 오기 3년 전부터 페이스북과 유튜브를 통해 라틴아메리카 현지인 목회자들과 현지인 성도들에게 스페인어 자막을 넣은 설교를 매주 보급해 왔다.

앞으로 사역 비전이나 계획은 무엇인가

12년 동안 라틴아메리카 '세계기도자학교' 사역을 통해서 아르헨티나와 칠레, 우루과이에서 기도자들을 일으켰다. 코로나 바이러스로 선교하기 힘든 이 시대에 지금도 사단은 인류 많은 사람들을 지옥으로 끌고 가고 있다. 이때에 SNS와 유튜브를 통해 라틴아메리카 대륙선교의 새 지평을 열어주셨다. 이제 라틴아메리카 목회자들과 라틴아메리카 교회들과 연합해서 마지막 21세기 시대에 중동 지역 이슬람권과 힌두권을 선교하는 마지막 선교 주자들이 될 것을 확신한다.

앞으로 아메리카 각 나라의 목회자들을 한국에 초청하여 대규모 선교집회를 열어 성령의 능력을 받고 돌아가서 라틴아메리카 대륙에 성령의 불을 붙여 죽어 가는 영혼들을 살려내게 할 것이다. 주님은 엄청난 라틴 아메리카 목회자 인맥들을 미션 동원사역에 붙여주셨다. 이미 의정부 광명교회에서 이 거대한 미션사역을 위해 엄청난 물적자원과 인적자원을 준비하는 기적이 일어나고 있다. 2023년에 과테말라로 입국하여, 쿠바, 멕시코, 온두라스, 엘살바도르, 파나마, 콜롬비아, 베네수엘라의 '세계기도자학교' 사역이 예정되어 있다. 아르헨티나 선교를 시작하여 북아메리카까지 '세계기도자학교' 사역으로 선교에 새 지평을 넓히고 확장시킬 것이다.

(김시온 객원기자)

¡VIVA! 라틴아메리카 선교

1판 1쇄 인쇄 _ 2025년 2월 20일
1판 1쇄 발행 _ 2025년 2월 25일

지은이 _ 김기선
펴낸이 _ 이형규
펴낸곳 _ 쿰란출판사

주소 _ 서울특별시 종로구 이화장길 6
편집부 _ 745-1007, 745-1301~2, 747-1212, 743-1300
영업부 _ 747-1004, FAX 745-8490
본사평생전화번호 _ 0502-756-1004
홈페이지 _ http://www.qumran.co.kr
E-mail _ qrbooks@daum.net / qrbooks@gmail.com
한글인터넷주소 _ 쿰란, 쿰란출판사
페이스북 _ www.facebook.com/qumranpeople
인스타그램 _ www.instagram.com/qrbooks
등록 _ 제1-670호(1988.2.27)
책임교열 _ 박은아 · 이화정

ⓒ 김기선 2025 ISBN 979-11-6143-353-0 03230

책값은 뒤표지에 있습니다.
이 출판물은 저작권법에 의해 보호를 받는 저작물이므로 무단 복제할 수 없습니다.
파본(破本)은 구입처에서 교환해 드립니다.